James F. Twyman

Der Moses-Code

James F. Twyman

Der Moses-Code

Der Schlüssel zur Manifestation

Aus dem Englischen von Nayoma de Haën

Für Linda, meine erste und größte Liebe.
Auch wenn du diese Welt verlassen hast –
in unseren Herzen lebst du ewig weiter.

Titel der amerikanischen Originalausgabe:
»The Moses Code –
The Most Powerful Manifestation Tool
in the History of the World«
Copyright © 2008 by James Twyman
Originally published in 2008 by
Hay House, Inc. California, USA
Deutsche Ausgabe: © KOHA-Verlag GmbH Burgrain
Alle Rechte vorbehalten – 1. Auflage: Oktober 2008

Lektorat: Birgit-Inga Weber
Umschlag: Blanz Werbung GmbH
Gesamtherstellung: Karin Schnellbach
Druck: CPI Moravia Books
ISBN 978-86728-075-4

Inhalt

EINFÜHRUNG

Das weltweit machtvollste
Instrument der Manifestation

Der machtvollste Manifestationscode der Welt ...? Das mag wie eine grandiose Behauptung klingen, die Eindruck schinden soll – vielleicht um ein Buch zu verkaufen oder um Aufmerksamkeit zu erregen ... Aber wenn es doch wahr wäre? Könnte es sein, dass es einen uralten Code gibt – eine Art Zauberformel, entdeckt von einem der größten Führer aller Zeiten –, der jedoch seit Jahrtausenden in Vergessenheit geraten ist? Die meisten von uns kennen diesen Code und haben von den Wundern gelesen, die mit seiner Hilfe vollbracht wurden – Wunder, die zu den erstaunlichsten Ereignissen der Geschichte gehören. Doch nur wenige Menschen sind sich bewusst, dass diese Wunder etwas mit diesem Code zu tun haben und dass er das Potenzial besitzt, alles anzuziehen, was wir uns je erträumen können.

Warum er verborgen und so lange nicht eingesetzt wurde, ist eines der großen Geheimnisse der Menschheit. Doch jetzt wird der Moses-Code zum ersten Mal allen mitgeteilt, nicht nur einer auserwählten Gruppe hoher Eingeweihter. In diesem Buch zeige ich Ihnen, wie Sie mithilfe dieses Codes Ihr Leben verändern können – und auch die Welt. Die Wunder, von denen in der Bibel berichtet wird, beruhen auf genau diesem Prozess – und jetzt können auch Sie diese Kraft einsetzen, um in Ihrem eigenen Leben Wunder zu vollbringen. Sie können damit alles in Ihr Leben holen, wonach Sie sich sehnen: Wohlstand, Besitz, die perfekte Beziehung und so weiter. Doch je mehr Sie mit dem Moses-Code Ihre Erfahrungen machen, desto mehr werden Sie erkennen, dass er eigentlich einem viel höheren Ziel dient: der Erschaffung einer Welt des Friedens, des Mitgefühls und der Liebe.

Der Moses-Code erregte zum ersten Mal meine Aufmerksamkeit, als ich mein letztes Buch schrieb, *The Art of Spiritual Peacemaking.* Während des Schreibens tauchten immer wieder Hinweise auf, als würde etwas Verborgenes versuchen, ans Licht zu gelangen. Vielleicht war die Menschheit auch endlich bereit dafür. Als mir klar wurde, womit ich es hier zu tun hatte, wusste ich, dass ich ein Experiment durchführen wollte, um zu sehen, ob an der Sache wirklich etwas dran war.

Bei der Arbeit an jenem Buch begegnete mir immer wieder der Name Gottes ICH BIN DAS ICH BIN. Ich spürte die Kraft, die darin lag, aber ich kam zunächst nicht auf die Idee, ihn mit dem Gesetz der Anziehung in Verbindung zu bringen. Erst als ich anfing, mich näher mit dem Namen zu beschäftigen und mit ihm zu arbeiten, wurde es mir klar: Der Name Gottes ist das machtvollste Instrument der Manifestation in der Weltgeschichte!

Zu jenem Zeitpunkt hatte ich neun Bücher veröffentlicht und nur eines davon hatte es je in die Bestsellerliste der *New York Times* geschafft. *The Proposing Tree* kletterte bei seiner Veröffentlichung auf Platz 25 und blieb dort eine Woche lang. Ich will damit zeigen, dass ich kein enorm erfolgreicher Autor bin. Mein erstes Buch *Boten des Lichts* hat sich im Lauf der Jahre ganz gut verkauft, aber es kam kein einziges Mal auf eine Bestsellerliste. Vor diesem Hintergrund dachte ich mir den perfekten Test aus.

Ich beschloss, mithilfe des Moses-Codes mein neues Buch *The Art of Spiritual Peacemaking* zum Nummer-eins-Bestsellerhit zu machen, und zwar an jenem Tag, an dem es erscheinen würde. Dazu würde es eines Wunders bedürfen – genau das, was ich für mein Experiment brauchte.

Mehrere Monate lang wandte ich alles an, was ich über den Code wusste. Morgens nach dem Aufwachen meditierte ich damit. Ich druckte mehrere Exemplare des Titelblatts aus und übte im Lauf des Tages, indem ich jedes Mal, wenn mein Blick in der Küche, im Schlafzimmer oder sonst wo in meinem Haus darauf fiel, einen Moment innehielt und mich auf mein Ziel fokussierte. Ich spürte, dass sich die Energie aufbaute und mir neue Ideen zuflossen, wie ich meine Vision fördern könnte.

Schließlich kam der Tag, an dem mein Buch auf den Markt kommen sollte. Ich loggte mich bei Amazon ein und schaute mir an, wo es stand. Am Tag zuvor hatte es noch irgendwo bei 10 000 gelegen, doch am Morgen des 6. Juni 2006 hatte es schon Platz 300 erreicht! Es schien auf dem Weg nach oben zu sein. Bis zum Mittag hatte es das Buch unter die ersten 20 geschafft und um 15 Uhr saß es auf Platz 3. Nur noch zwei Plätze weiter, dachte ich. Um 17 Uhr war es auf Platz 2. Fast geschafft.

Doch dort blieb es stundenlang. Es war zum Haare-Ausraufen. Jede Stunde sah ich nach, aber nichts bewegte sich. Ich sinnierte schon darüber, dass das Buch auf dem 1. Platz ja ein Paperback sei und dass meines insofern auf dem 1. Platz der Hardcover-Bücher stehe – aber ich wusste, dass das eine Ausrede war. Ich hatte mit dem Moses-Code daran gearbeitet, dass es auf dem 1. Platz stehen würde; da gab es keine Kompromisse. Ich musste nur vertrauen ...

Um 21 Uhr schaute ich noch einmal nach – und da war es: *Nummer 1!*

Da wusste ich, dass die Sache echt war. Der Moses-Code ist nichts, was ich mir ausgedacht habe oder was ich entdeckt hätte. Man könnte eher sagen: Er hat mich entdeckt. In der letzten Zeit ist so viel über das Gesetz der Anziehung geredet worden und über den Weg, wie wir unsere Träume verwirklichen können. Meistens wird dann die Frage gestellt: »Wie stelle ich es denn an, all die Dinge in mein Leben zu holen, die ich zurzeit nicht habe und die mich glücklich machen werden?« Nun, das ist natürlich ein erster Schritt, aber ich spürte, dass der Moses-Code noch mehr zu bieten hat, etwas, das in diesem allgemeinen Verständnis der Dinge nicht so offensichtlich ist. Anders gesagt: Geht es wirklich nur darum, den Appetit des Egos zu befriedigen, oder gibt es noch etwas anderes, etwas Bedeutenderes in uns, das nach einer anderen Art von Erfüllung verlangt?

Der Moses-Code zielt auf den nächsten, lebenswichtigeren Schritt: *Wie befriedigen wir den Hunger unserer Seele?* Die Geschichte, wie mein Buch auf Platz 1 der Bestsellerliste landete, ist ein großartiges Beispiel für die Wirksamkeit des Codes – aber ist das alles, worum es geht? Wurde uns ein so heiliges Instrument nur gegeben, um die Wirklichkeit nach unserem eigenen Gutdünken zu manipulieren, oder gibt es ein höheres

Ziel, einen tieferen Grund, weshalb uns diese Gabe geschenkt wurde?

Ich werde im weiteren Verlauf dieses Buchs noch auf die Unterschiede zwischen dem Verlangen der Seele und der Gier des Egos eingehen, aber ich will hier schon ein paar Worte dazu sagen:

Das Ego ist ständig darum bemüht, das zu bekommen, was es meint, nicht zu haben, während die Seele danach strebt, alles zu geben, was sie braucht, und dabei zu erkennen, dass sie alles bereits in sich trägt.

Dies ist der Fokus des Moses-Codes, genauso wie es das höchste Ziel des Gesetzes der Anziehung ist. Der Code wurde zum ersten Mal angewendet, um die Israeliten aus der Sklaverei in Ägypten zu befreien. Und heute kann er *Sie* aus der Sklaverei Ihres Egos befreien. Wie und wo Sie leben, hat letztendlich wenig Bedeutung, solange Ihr Geist und Ihre Seele unterdrückt werden. Dieses Buch will Ihnen das machtvollste Instrument der Menschheitsgeschichte zeigen, um Sie wahrhaft zu befreien. Was ist wahre Freiheit? Es ist die Fähigkeit, seine eigene Göttlichkeit in jeder Situation zum Ausdruck zu bringen und zu erkennen, dass man selbst der Schöpfer und die Schöpferin des Universums ist, welches man erfährt. Das Ego will uns versklaven, doch die Seele will uns befreien – wie einst Moses sein Volk.

Ich will Ihnen noch ein Beispiel für die Kraft geben, die in diesem Prozess steckt. Ich schreibe diese Worte, während ich in dem Städtchen Talent in Oregon in einem kleinen Café in der Nähe meines Zuhauses sitze. Soeben habe ich mir ein wenig Zeit genommen, um ein bestimmtes Ziel zu erreichen, nämlich ein Haus zu verkaufen, das ich zurzeit besitze. Ich habe ein paarmal tief durchgeatmet und die Energie der Worte gespürt, die ich im Stillen vor mich hin gesagt habe, und dann habe ich es losgelassen. Ich habe zwar nur ein paar Sekunden damit zugebracht, doch ich wusste, dass es eine Wirkung haben würde.

Es war Samstagnachmittag gegen 16 Uhr – das Café machte bald zu. Außer mir waren nur zwei andere Gäste da: ein Paar mittleren Alters, das ein wenig von mir entfernt an einem Tisch saß und sich leise unterhielt, während beide in die Zeitung schauten. Ich verspürte den Drang, auf ihr Gespräch zu achten: Sie kamen offensichtlich aus Minnesota und planten, hierher nach Oregon zu ziehen, weil sie einen Job an der Universität annehmen wollten. Ich beobachtete, dass sie sich der Immobilienseite der Zeitung widmeten und über freie Häuser und Appartments diskutierten. Das war alles ganz interessant, aber es reichte nicht, um meine Aufmerksamkeit von dem abzuziehen, weshalb ich hergekommen war: Ich musste mein Manuskript fertig machen, der Verlag wollte es in zwei Tagen haben und ich hatte noch einiges daran zu tun.

Also wandte ich mich wieder meinem Computer zu und tippte die Worte *Moses-Code* ein. Im selben Augenblick, als sie auf dem Bildschirm auftauchten, spürte ich in meinem Herzen einen starken Impuls: Erzähle ihnen von dem Haus, das du verkaufen willst! Jenes Haus war damals vermietet; ich hatte zwar darüber nachgedacht, es zu verkaufen, hatte aber noch nichts in dieser Richtung unternommen. Ich wollte nicht unhöflich sein und diese Leute ansprechen, die so mit sich beschäftigt zu sein schienen, doch das Gefühl war so hartnäckig, dass ich es schließlich dennoch wagte.

Kaum eine Viertelstunde später waren wir uns einig, dass sie das Haus kaufen wollten, falls es ihren Vorstellungen entspräche. Ich war mir sicher, dass es ihnen gefallen würde, denn es war genau das, was sie suchten, und ich konnte es für genau den Preis verkaufen, den sie ausgeben wollten. Dem Moses-Code ist wirklich weltweit die gewaltigste Macht für die Manifestation zu eigen! Selbst *ich* muss ab und zu daran erinnert werden.

TEIL 1

Das Gesetz der Anziehung

Das Gesetz der Anziehung war in den letzten Jahren in aller Munde. Überall beginnen die Leute zu merken, dass in ihnen eine Kraft steckt, alles anzuziehen, was sie sich wünschen. Genauer gesagt: Sie verstehen allmählich, dass sie diese Kraft schon immer hatten. Das Gesetz der Anziehung ist nichts, was wir ab und zu anwenden. Im Gegenteil: Es gibt keine Möglichkeit, diesem göttlichen Prinzip auszuweichen.

Dieses Buch wird Ihnen eine uralte Technik vermitteln, die seit mehr als 3500 Jahren bekannt ist, aber vor langer Zeit in Vergessenheit geriet – vielleicht weil die Machthabenden sie für zu »gefährlich« hielten. Und möglicherweise hatten sie recht. Man wird sehen, ob wir heutzutage spirituell reifer sind. Aber in einem bin ich mir sicher: Wir haben keine andere Wahl mehr. Die Welt steht an einem kritischen Wendepunkt und die Entscheidungen darüber, wie wir diese Weisheit anwenden, kann entscheidend dazu beitragen, ob wir uns weiterentwickeln oder ob wir uns selbst zerstören. Es sieht so aus, als liege die Entscheidung bei uns.

Dies mag nicht das wichtigste Buch der Menschheitsgeschichte sein, aber ich bin davon überzeugt, dass die hier vorgestellten Prinzipien und Techniken von entscheidender Bedeutung sind. Als der Moses-Code den Israeliten zum ersten Mal offenbart wurde, ereigneten sich ein paar der eindrucksvollsten Wunder der Geschichte. Doch nicht allzu lange danach beschlossen die einflussreichen Führer jener Zeit, dass die diesem Prozess innewohnende Energie einfach zu gewaltig sei, als dass sie von irgendjemand anderem als den höchsten Eingeweihten angewendet werden dürfte.

Unsere kollektive Religionsgeschichte steckt voller Legenden und Geschichten von spirituellen Meistern, die an einen Punkt kamen, wo sie den Moses-Code nicht nur verstanden, sondern ihn auch mit außerordentlichem Erfolg anwenden konnten. Der bekannteste unter ihnen war Jesus von Nazareth. Doch jetzt ist es an der Zeit, dass wir alle diesen Code meistern können – und nicht nur, um unseren Wohlstand zu mehren, sondern um eine Welt zu erschaffen, die auf Mitgefühl und Frieden beruht. Setzen wir dieses bemerkenswerte Instrument nämlich weiterhin nur zu unserem persönlichen Gewinn ein, sind wir alle verloren.

Das mag ominös klingen – und das soll es auch. Vor Ihnen liegt das machtvollste Instrument der Welt, um auf Ihre Wirklichkeit Einfluss zu nehmen. Hier geht es nicht um ein esoterisches Märchen – hier geht es um die nackte Wahrheit. Wir brauchen erleuchtete Seelen, um endlich die Welt zu erschaffen, von der wir alle träumen. Es ist leicht, sich die Erde anzuschauen und die Zerstörungswut der unbewussten Manifestation zu erkennen. Unser Planet ist nicht von alleine in diesen schrecklichen Zustand geraten, sondern durch unsere kollektiven Entscheidungen. Die einfache Frage lautet jetzt: Wählen wir das weiterhin, oder entscheiden wir uns endlich klar und bestimmt, statt den Verlockungen des Egos dem Ruf unserer Seele zu folgen? Die Welt, mit allem, was zu ihr gehört, wird immer dem folgen, was wir wahrhaft innerlich fühlen.

Sie haben hierbei eine wesentliche und ganz eigene Rolle zu spielen. Deswegen hat dieses Buch Sie gefunden.

Im ersten Teil geht es um die Geschichte von Moses und die spirituellen Grundlagen des Codes. Im weiteren Verlauf wird dann ganz deutlich, wie wichtig es ist, dass Sie sich entscheiden, schöpferisch wirksam zu sein und sich bewusst zu entwickeln.

Doch jetzt entspannen Sie sich erst einmal und genießen Sie diese Reise, die Ihr Leben von Grund auf verändern wird.

1

EINE URALTE GESCHICHTE

Sicher haben Sie schon die Geschichte gehört, wie Moses die Israeliten aus Ägypten führte. Diese erstaunliche Leistung begann damit, dass er vor einem brennenden Dornbusch stand und auf die Stimme Gottes hörte. Aber haben wir je die tiefere Botschaft vernommen, die dort nicht nur Moses, sondern jedem von uns vermittelt wurde? Gibt es in dieser Geschichte vielleicht einen verborgenen Hinweis, wie wir alles erreichen können, was wir uns je gewünscht haben? Hat Gott uns durch die kryptische Botschaft, die er Moses dort übermittelte, den Schlüssel zur Verwirklichung alles Ersehnten gegeben, einen Code, mit dessen Hilfe wir mühelos und automatisch alles haben können, was wir uns wünschen? Und wenn dem so wäre: Ist es dann auch uns heute möglich, diesen Schlüssel anzuwenden und den Rest unseres Lebens in einer Welt der Wunder zu leben?

Willkommen im Reich des Moses-Codes! Beginnen wir damit, uns die Geschichte noch einmal anzusehen, den Kontext, der uns das bemerkenswerteste Geheimnis der Menschheit vermittelt:

Es wird erzählt, dass Moses in Ägypten als Kind israelitischer Sklaven geboren wurde, doch durch glückliche Umstände oder göttliche Fügung wurde er von den Unterdrückern seines Volkes wie ein Prinz aufgezogen: Der Pharao hatte ein Gesetz erlassen, demzufolge jeder männliche Erstgeborene der Israeliten getötet werden musste. Jochebed, die Frau von Amram, einem Leviten, gebar einen Sohn und versteckte ihn drei Monate lang. Als ihr klar wurde, dass der Junge bald entdeckt würde, setzte sie ihn in einem kleinen, mit Pech abgedichteten Schilfkorb auf dem Nil aus. Die Tochter des Pharaos fand das Kind ein wenig flussabwärts und entschied sich, es als ihr eigenes aufzuziehen. Sie nannte den Knaben »Moses«, also »der aus dem Wasser Herausgezogene«.

Moses' Schwester Miriam beobachtete, wie der Korb auf dem Nil Richtung Stadt und zum Palast trieb und wie die Schwester des Pharaos das Kind bergen ließ. Miriam näherte sich ihr und fragte, ob sie für das Kind eine Amme brauche. So konnte Jochebed ihren Sohn weiter aufziehen, während er gleichzeitig zum adoptierten Enkelsohn des Pharaos wurde. Moses lebte so von klein auf in zwei Welten, mit zwei Müttern, die sehr unterschiedliche Träume hegten.

Das nächste Mal hören wir von Moses, als er schon erwachsen ist und als mutiger Führer des ägyptischen Reiches etwas erlebt, das sein Leben für immer verändert: Eines Tages sah er, wie ein ägyptischer Soldat einen Israeliten misshandelte. Moses geriet in Wut und erschlug den Mann. Er versteckte zwar die Leiche im Sand – in der Hoffnung, dass niemand davon erfuhr –, doch er musste bald feststellen, dass die Sklaven sein Geheimnis weitererzählt hatten. Aus Furcht, dass sein Großvater, der Pharao, ihn töten ließe, floh Moses zur Halbinsel Sinai.

Dort fand er Zuflucht bei Jethro, einem midianitischen Priester. Moses heiratete Jethros Tochter Zippora und lebte 40 Jahre bei Jethros Familie.

Jetzt kommt der Höhepunkt der Geschichte, wo der Menschheit das große Schöpfungsgeheimnis offenbart wird, bevor es nach dem ersten Beweis seiner gewaltigen Macht wieder verborgen wird: Ein Gespräch mit Gott findet statt, das die Welt verändert. Und jetzt ist die Zeit gekommen, dass es jeder von uns erfahren und erleben darf.

Eines Tages weidete Moses seine Herde am Berg Horeb, als er einen Dornbusch sah, der in hellen Flammen zu stehen schien, doch das Feuer verbrannte ihn nicht. Während Moses dieses Wunder bestaunte, hörte er die Worte Gottes. Was sagte Gott zu ihm?

Seit ungefähr 3500 Jahren hören und lieben Millionen von Menschen diese Worte. Doch wie viele von ihnen haben erkannt, dass darin auf eine der größten Gaben hingewiesen wird, die Gott der Menschheit verliehen hat? Schauen wir uns an, wie es im 2. Buch Mose (Exodus) beschrieben wird:

> *»Als der Herr sah, dass Mose näher kam, um sich das anzusehen, rief Gott ihm aus dem Dornbusch zu: Mose, Mose! Er antwortete: Hier bin ich.«*
> (EXODUS 3,4)[1]

Man achte darauf, wie Moses reagiert, als er aus dem brennenden Dornbusch Gottes Stimme vernimmt. Er läuft nicht

---

[1] Soweit nicht anders vermerkt, wurden alle Bibelzitate nach der Einheitsübersetzung zitiert.

angstvoll weg. Er fällt auch nicht überwältigt zu Boden, weil er meint, Gottes nicht würdig zu sein. Nein, Moses wendet sich dem Dornbusch zu und sagt: »HIER BIN ICH.« Dies mag wie eine unverfängliche Antwort erscheinen, aber bei näherer Betrachtung wird ihre Tragweite deutlich. Doch wir wollen dem Gespräch zunächst ein wenig weiter lauschen. Als Nächstes spricht Gott zu Moses:

> »Komm nicht näher heran! Leg deine Schuhe ab;
> denn der Ort, wo du stehst, ist heiliger Boden.«
> (EXODUS 3,5)

Warum ist dieser Ort heilig? Die gewöhnliche Antwort lautet, weil es ein Ort ist, an dem sich Gott manifestiert und bekannt gemacht hat. Gottes Gegenwart wird in einem gewöhnlichen Dornbusch erfahrbar. Die Tatsache, dass dieser Busch in Flammen zu stehen scheint, ohne zu verbrennen, ist sicherlich wundersam und macht diesen Ort zu etwas Besonderem.

Doch es könnte noch einen anderen Grund geben, weshalb dieser Ort heilig ist.

Natürlich begreift Gott das Göttliche. Darüber sind wir uns sicher alle einig. Gott ist allwissend und allgegenwärtig. Daher ist sich Gott seiner selbst an allen Orten und zu allen Zeiten bewusst. Warum sollte der Schöpfer daher einen Ort nur deswegen als heilig auswählen, weil er, Gott, dort von einem bestimmten Mann erfahren wurde? Entspricht es nicht eher dem Willen Gottes, überall und von jedem gesehen und wahrgenommen zu werden? Aus Gottes Sicht ist jeder Ort heilig, weil Gott überall ist. Es ist also eher unwahrscheinlich, dass er einen geografischen Ort als gesegneter betrachtet als einen anderen. Aus unserer Sicht mögen wir das so empfinden, aber warum sollte Gott aus dem Unbegrenzten etwas ausgrenzen?

Die größte Schwierigkeit für uns Menschen besteht in unserer Unfähigkeit, Gott überall und immer wahrzunehmen. Unser Verstand reicht für so etwas Allumfassendes einfach nicht aus. Aber sollte das Göttliche selbst auch so beschränkt sein? Es ist unvorstellbar, dass Gott sich nicht als »All das« wahrnehmen könnte.

Vielleicht ist die Aufforderung an Moses, seine Schuhe auszuziehen, weil er auf heiligem Boden stehe, viel persönlicher gemeint, als wir zunächst annehmen. Moses hatte Gott erwidert: »Hier bin ich.« Vielleicht hat Gott ihm sozusagen zugelächelt, im Sinne von: »Gut gesagt, Moses. Ja, hier bin ich. Dies ist heiliger Boden, weil du dich als das erkannt hast, was du bist.«

Vielleicht denken Sie jetzt: Moment mal, will er damit sagen, *dass Gott erfreut war, weil Moses sich als EINS mit seinem Schöpfer erkannt hat?*

Die Antwort lautet: *Ja!*

Seit Jahrtausenden hat man uns eine Lüge verkauft, und das hat in aller Welt zur Unterdrückung und Vernachlässigung des Moses-Codes geführt. Man hat uns erzählt, wir seien schwach und verletzlich, unfähig, aus dem Leben auf dieser Erde mehr als ein mageres Dasein herauszuholen. Vielleicht haben wir Glück und wir schaffen es, einen gewissen Wohlstand zu erreichen, vielleicht sogar ein paar Häuser zu besitzen und ein dickes

Bankkonto, doch nichts von dem stellt uns wirklich zufrieden. Wir leben und wir sterben, und wenn wir Glück haben, geht es uns dazwischen ein paar Augenblicke lang richtig gut. Wir haben uns vorgestellt, wir lebten in einem Gefängnis, aus dem es kein Entrinnen gibt, und wir haben uns selbst weisgemacht, dies sei unsere wahre Heimat.

Doch was wäre, wenn die Tür der Zelle niemals verschlossen war? Wenn die Welt, in der wir leben, nichts als eine Projektion unserer Gedanken ist und wenn aus Gottes Sicht alles ganz anders aussieht? Wenn Gott allmächtig, allwissend und allgegenwärtig ist – würde er sich dann nicht freuen, wenn wir endlich die Wahrheit erkennen?

Warten Sie noch einen Augenblick, bevor Sie antworten. Ihre Reaktion bestimmt, wie Sie das Leben erfahren und ob Sie bereit sind, all das anzunehmen, was Gott für Sie vorgesehen hat. Ihre Antwort bestimmt, wie offen Sie dafür sind, Wunder zu erleben.

Wenden wir uns wieder dem Gespräch zwischen Gott und Moses zu. Gott sagt nun:

> »*Ich bin herabgestiegen, um sie [die Israeliten] der Hand der Ägypter zu entreißen und aus jenem Land hinaufzuführen in ein schönes, weites Land, in ein Land, in dem Milch und Honig fließen ...*«
> (Exodus 3,8)

Gott verheißt Moses große Dinge: dass die Israeliten aus Ägypten wegziehen und eine neue Heimat finden, in der Fülle und Freiheit herrschen. Wenn wir uns wieder das Wesen Gottes bewusst machen, wird deutlich, dass diese Verheißung möglicherweise nicht nur den Kindern Israels galt. Wenn Gott immer überall gegenwärtig ist, dann handelt es sich hier vielleicht um mehr als ein historisches Versprechen an eine bestimmte Gruppe von Menschen. Könnte es sein, dass Gott dies jedem gelobt hat, der zuhört – das heißt: auch Ihnen, hier und jetzt? Wenn Sie bereit sind, zuzuhören und zu glauben, dann werden Sie genau wie Moses entdecken, dass Gott jedes Versprechen hält und dass auch Sie sich in das Land führen lassen können, in dem Milch und Honig fließen – das heißt dorthin, wo sich Ihre Träume verwirklicht haben.

Gott kündigt Moses an, dass er die Israeliten aus der Gefangenschaft in das gelobte Land führen wird. Wir erfahren, dass Moses und sein Volk alles haben werden, was sie brauchen; sie werden also nichts entbehren. Warum? Weil sie die auserwählten Kinder des Schöpfers sind, jeglicher Segnungen und aller Güte wert. Die meisten Generationen glaubten, dass diese Verheißung nur an ein bestimmtes Volk gerichtet war: an die Israeliten. Das würde bedeuten, dass Gott eine Gruppe von Menschen den anderen vorzieht und diesen »Auserwählten« etwas anbietet, das den anderen vorenthalten bleibt.

Aber stimmt das wirklich? Gott sagt: »Ich bin herabgestiegen, um sie der Hand der Ägypter zu entreißen und [...] in das Gebiet der Kanaaniter, Hethiter, Amoriter, Perisiter, Hiwiter und Jebusiter [zu führen].« Da lebten also offensichtlich schon eine Menge anderer Gruppen. Vielleicht hatten diese Menschen das gelobte Land nie verlassen, oder sie sind dank des Codes schon früher dort angekommen. Das Einzige, was wir sicher wissen: Nach Gottes Willen waren sie frei – und das kann nicht einer bestimmten Gruppe von Individuen vorbehalten sein. Freiheit ist für jeden bestimmt, genauso wie das Land der Fülle für jeden zugänglich ist.

Letztendlich unterscheidet sich Moses nicht sehr von jedem Einzelnen von uns. Angesichts einer so außerordentlichen Verheißung würden die meisten in das Ego-Muster verfallen, das unser Leben von jeher steuert: die Angst.

Unser *Ego,* auch bekannt als *der Teil von uns, der sich als getrennt von Gott und allem anderen erfährt,* ist davon überzeugt, dass wir nichts verdient haben, vor allem nicht die Erfüllung unserer sehnlichsten Wünsche. Im Amerikanischen gibt es ein Akronym für das Ego: **E**dging **G**od **O**ut (übersetzt: »Gott verdrängen«). Wie können wir die schöpferische Kraft des gesamten Universums verdrängen – aber trotzdem empfangen, wonach sich unsere Seele sehnt? Das Ego zwingt uns, auf alte Muster zurückzugreifen, lieber auf Nummer sicher zu gehen und dadurch nie das unendliche innere Potenzial zu erkennen. Wie Moses sagen wir zu Gott:

> *»Wer bin ich, dass ich zum Pharao gehen und die Israeliten aus Ägypten herausführen könnte?«*
> (Exodus 3,11)

Gott hätte vielleicht antworten können: »Wer bist du, dass du sie nicht herausführen könntest?« Wir warten in der Regel ab und hoffen, dass jemand anderes die Sache erledigen wird, ohne zu erkennen, dass da niemand anderes ist. Gott entscheidet sich in diesem Augenblick dafür, dass Sie alles empfangen können, was Sie sich ersehnen. Wenn Sie es tun, werden Sie ein lebendiger Beweis für das große Geheimnis sein, das Sie mehr bereichern wird, als Sie sich jemals erträumt haben.

Jetzt kommen wir zu der zentralen Frage und der Antwort, auf welcher der gesamte Moses-Code beruht. Gott hat Moses vor eine scheinbar unmögliche Aufgabe gestellt. Gott kündigt Moses sogar an, dass der Pharao nicht auf ihn hören oder auf seine Bitte eingehen wird – was Moses nicht sonderlich überrascht. Schließlich braucht Ägypten die Israeliten als Arbeitskräfte. Ohne sie kann der Pharao seine großartigen Tempelanlagen und Städte nicht weiterbauen. Kurz gesagt, es ist klar, dass der Pharao nicht einfach verzichtet. Moses braucht etwas, das er dem Pharao und seinem eigenen Volk mitteilen kann, um sie zu überzeugen, dass er im Auftrag des EINEN Gottes kommt.

»Da sagte Mose zu Gott: Gut, ich werde also zu den Israeliten kommen und ihnen sagen: Der Gott eurer Väter hat mich zu euch gesandt. Da werden sie mich fragen: Wie heißt er? Was soll ich ihnen darauf sagen?«
(Exodus 3,13)

Namen haben Macht. Mit ihrer Hilfe lässt sich nicht nur der eine Mensch vom anderen unterscheiden; in vielen Kulturen bezeichnet der Name auch, wer man ist – die Essenz des jeweiligen Individuums. Wenn Moses also danach fragt, welchen Namen er dem Volk nennen soll, damit ihm die Leute glauben, dass er die Wahrheit spricht, dann ist das von höchster Bedeutung. Er braucht einen Namen, der Begeisterung und Hingabe auslöst. Der Name muss eines Schöpfers aller Dinge wert sein, der

EINEN Quelle allen Lebens im gesamten Universum. Was für ein Name kann die Macht und die Herrlichkeit eines solchen Wesens umfassen und zugleich den Zauber und das Mysterium des Göttlichen vermitteln?

> *»Da antwortete Gott dem Mose: ICH BIN DER ICH BIN. Und er fuhr fort: So sollst du zu den Israeliten sagen: ICH BIN hat mich zu euch gesandt.«*
> (EXODUS 3,14)[2]

ICH BIN hat ihn gesandt? Erinnern Sie sich, was Moses gesagt hat, als er zum brennenden Dornbusch gerufen wurde: »Hier bin ich.« In manchen Übersetzungen steht auch: »Ich bin hier.« *Mehr oder weniger bewusst hat Moses die Macht Gottes in sich selbst erkannt, und Gott gefiel es.*

Als Moses dann diesen Namen den Israeliten und dem Pharao mitteilt, beginnen lauter Wunder stattzufinden. *Nach und nach passt sich die Welt der Idee an, die Moses in sich trägt:* dass die Israeliten von der ägyptischen Herrschaft befreit werden sollen. Irgendwann wird die Macht dieser vom Namen Gottes unterstützten Idee so unwiderstehlich, dass dem Pharao gar nichts anderes übrig bleibt, als sich darauf einzulassen. Die Kinder Gottes dürfen gehen und in ihr gelobtes Land ziehen, wo sich ihre Träume verwirklichen.

[2] Wörtliche Übersetzung der englischen Version (»I AM THAT I AM«). Andere Bibelübersetzungen wählen hier Versionen wie »Ich bin der Ich-bin-da« (Einheitsübersetzung) oder »Ich werde sein, der ich sein werde« (Luther). »That« kann als Relativpronomen für alle Genera *(der, die, das)* stehen. Später im Text wird meist *ICH BIN DAS ICH BIN* verwendet, weil es besser in den Kontext passt.

Nachdem die Israeliten die überwältigende Macht erlebt hatten, die im Namen Gottes liegt, lautet die interessante Frage nun: Warum haben sie diese Macht wieder verborgen und fortan kaum je gebraucht? Jahrtausendelang glaubten die Menschen, dass sie den Namen, der Moses gegeben wurde, niemals aussprechen sollten. Weil er unaussprechlich war, blieb sein Zauber der Welt verborgen ...

Bis jetzt! Sie können jetzt lernen, wie Sie mit dem Moses-Code so umgehen, dass Sie alles erreichen, was Sie sich je erträumt haben. Halten Sie das für möglich? Werden Sie wie Moses um mehr Beweise bitten? Wenn Sie Beweise brauchen, gebe ich sie Ihnen nur allzu gerne.

2

EINE GABE GOTTES

Sind Sie bereit, das gleiche Gespräch mit Gott zu führen wie Moses? Ich versichere Ihnen, darin liegt der Schlüssel, um alles zu erhalten, was Ihnen in der Welt zusteht. Sie glaubten, dass Sie Mangel, Krankheit und letztendlich den Tod verdient hätten. Warum sonst sollten Sie diese Dinge erleben, wenn Sie sie nicht wollen?

Das ist möglicherweise das schwierigste Konzept, mit dem Sie sich je werden auseinandersetzen müssen: die Vorstellung, dass Sie alles in Ihrem Leben selbst erschaffen haben, auch all das, was Ihnen nicht dienlich ist.

Sobald Sie das jedoch einmal akzeptiert haben, können Sie auch Glück, Fülle und ein perfektes Gleichgewicht zulassen. Deshalb sind Sie hier! Deswegen haben Sie dieses Buch aufgeschlagen. Mit weniger werden Sie sich nicht mehr zufrieden geben.

Es ist jetzt an der Zeit, die Stahltür zu öffnen, die Sie von der Erfüllung Ihrer Herzenswünsche abgehalten hat. Sie werden das in Kürze alles besser verstehen, aber ich muss Sie warnen: Einmal geöffnet lässt sich diese Tür nie wieder schließen! Sie wissen dann einfach zu viel; Sie können nicht wieder unwissend werden. *Von diesem Augenblick an werden Sie erkennen, dass Sie den Schlüssel zu allem haben, wovon Sie träumen.* Und wenn Sie sich entscheiden, diese Gabe nicht anzuwenden, wissen Sie zumindest, dass das an niemand anderem liegt als an Ihnen selbst.

Bitte machen Sie sich auch klar, dass diese Gabe machtvoller ist, als Sie sich je vorstellen können. Die dazugehörigen Worte klingen einfach, aber sie erschließen Ihnen die Energiequelle, die alles hervorgebracht hat, was Sie wahrnehmen können – im wahrsten Sinne des Wortes! Sie wurden von Gott erschaffen, daher verfügen Sie auch über alle Eigenschaften Gottes, genauso wie genetisch in Ihnen die Eigenschaften Ihrer irdischen Eltern und Vorfahren verankert sind. Ein Wissenschaftler kann sich die DNS von verschiedenen Menschen ansehen und erkennen, wer miteinander verwandt ist. Für Gott gilt Ähnliches. Sie stehen im Begriff, einen Code kennenzulernen, der in Ihrer Seele verankert ist, und werden dabei erkennen, *dass Sie ein Kind des Göttlichen sind, das über die gleiche Schöpfungskraft verfügt wie Gott.*

Monotheismus versus Polytheismus

Als Moses Gott nach seinem Namen fragte, erhielt er eine scheinbar kryptische Aussage. Gott gab ihm keinen normalen Namen, sondern eher die Erklärung einer *Präsenz,* eine Erklärung, die gewöhnliche Definitionen übersteigt. Gott sagte: »ICH BIN DAS ICH BIN« und forderte Moses auf, zu sagen: »ICH BIN hat mich gesandt.« Das schien die ultimative Antwort auf die Frage zu sein, welche die Menschen jener Zeit beschäftigte:

Gibt es viele Götter, wie die Ägypter glaubten, oder nur einen Gott, wie es der hebräischen Überzeugung entsprach?

Die Idee eines einzigen Gottes tauchte nicht zum ersten Mal in Ägypten auf. Zwischen 1375 und 1358 v. d. Z. wandte sich der Pharao Echnaton von den alten Göttern ab und förderte die monotheistische Anbetung des Sonnengottes Aton. Man geht im Allgemeinen davon aus, dass Moses nicht früher als 1300 Jahre vor der Zeitenwende gelebt hat. Die Ägypter hatten zu jenem Zeitpunkt also bereits einen Versuch, den Monotheismus einzuführen, hinter sich.

Die Aussage »ICH BIN DER ICH BIN« vermittelt den Hebräern und Ägyptern, dass es Gott tatsächlich gibt und dass sein Name große Kraft hat. Aus der Tatsache, dass Moses der Name Gottes übermittelt wurde und nicht Abraham, dem Urvater der drei großen monotheistischen Religionen, lässt sich ableiten, dass Moses mehr Einfluss zugedacht war. In Exodus 6,3 sagt Gott, dass er Abraham zwar erschienen sei, ihm aber nie seinen wahren Namen mitgeteilt habe. Dieser Name verleiht Moses die Kraft, sich dem mächtigsten Herrscher der damaligen Welt entgegenzustellen und ihn davon zu überzeugen, die hebräischen Sklaven laufen zu lassen. Und was hat den Pharao dazu gebracht, sich so unerwartet zu verhalten?

Wunder!

Mithilfe des Namens Gottes konnte Moses ...

- seinen Gehstock in eine Schlange verwandeln
- die Wasser des Nils in Blut verwandeln

- Plagen wie Frösche, Steckmücken, Heuschrecken, Blattern und andere schreckliche Dinge hervorrufen
- alle ägyptischen Erstgeborenen töten
- das Rote Meer teilen und die ägyptische Armee vernichtend schlagen

1. Übung: Die erste Form

Was möchten Sie in Ihrem Leben haben? Das ist Ihr erster Schritt. Vielleicht fangen Sie mit etwas Kleinem an, vielleicht widmen Sie sich gleich Ihrem größten Herzenswunsch. Das steht Ihnen völlig frei, da es beim Moses-Code keine unterschiedlichen Schwierigkeitsstufen gibt. Hier gilt alles gleich, alles sind Erweiterungen des Göttlichen und stehen Ihnen daher zu. Auch Sie sind eine Erweiterung des Göttlichen; es ist also nur logisch, dass Ihnen alles zusteht, was Sie wollen. Vielleicht tut sich Ihr Verstand mit dieser Ansicht zunächst schwer, aber mit ein wenig Übung werden Sie merken, dass es wahr ist.

Wenn Sie sich entschieden haben, sich auf finanzielle Fülle, eine bestimmte Sache, eine perfekte Beziehung oder sonst etwas zu fokussieren, schreiben Sie es auf ein Blatt Papier, das Sie vor sich platzieren, sodass Sie es deutlich vor Augen haben. Begeben Sie sich an einen Ort, wo Sie sich ungestört entspannen können. Am Anfang werden Sie diese Übung immer nur ein paar Minuten lang praktizieren. Aber nach einer Weile wird sie Ihnen zur Gewohnheit und Sie werden sie den ganzen Tag lang anwenden.

Wenn Sie sich ein wenig entspannt haben, atmen Sie tief ein. Schauen Sie mit offenen Augen auf das Blatt vor Ihnen und sagen Sie laut: »ICH BIN DAS.« Dabei atmen Sie aus. Während Sie nun wieder einatmen, sagen Sie: »ICH BIN.« Es wird anders klingen, weil Sie es beim Einatmen sagen. Fahren Sie mit dieser Art des zirkulären Atmens und Sprechens fort und schauen Sie die ganze Zeit auf Ihre Notiz. Versenken Sie sich dabei in das Gefühl, das Erwünschte *bereits zu haben*. Ich erkläre das gleich deutlicher. Erzeugen Sie vorerst einfach das Gefühl in sich, dass Sie Ihr Ziel bereits erreicht haben, und atmen und sprechen Sie dabei weiter.

Ich will Ihnen erklären, was dabei geschieht: Wenn Sie ausatmen und sagen: »ICH BIN DAS«, bringen Sie zum Ausdruck, dass Sie mit dem, was Sie sich wünschen, eins sind. Sie bestätigen, dass Sie davon nicht getrennt sind; vielmehr sind Sie darin enthalten, und es ist in Ihnen enthalten. Sie erweitern sozusagen die Definition dessen, wer und was Sie sind, gerade um jenes, was Ihnen gemäß Ihrer Überzeugung zusteht.
Dieser Anspruch, eins zu sein mit dem, wonach Sie sich sehnen, entspricht der Wahrheit. Tatsächlich sind Sie von nichts getrennt – Sie sind ein Aspekt des alles durchdringenden Lebens Gottes. Sie sind eins mit Gott, also sind Sie auch eins mit allen Dingen, die ebenfalls eins sind mit Gott. Verstehen Sie das? Vielleicht nicht mit Ihrem logischen Verstand, aber Ihre Seele versteht die Aussage nur zu gut und deswegen funktioniert der Moses-Code

auch. Es ist, als ob Sie sich endlich nach der Weisheit Ihrer Seele ausrichteten statt nach dem Wissen Ihres Verstands, der sich von all seinen Wahrnehmungen so leicht verwirren lässt. Er sieht alles als getrennt und einzeln an, während Ihre Seele alles als unmittelbar mit der Quelle verbunden erkennt.

Wenn Sie einatmen und sagen: »ICH BIN«, stellen Sie sich vor, dass dies die Antwort Gottes ist, der sich damit einverstanden erklärt, das von Ihnen Ersehnte in Ihr Leben zu holen. Sie sagen zu Gott: »ICH BIN DAS«, und Gott antwortet: »ICH BIN.« Der Kreis des Namens Gottes schließt sich damit und zieht mühelos alles in Ihr Leben, worauf Sie sich konzentrieren.

Bitte achten Sie gut auf den nächsten Teil der Erklärung. Wenn Sie ihn verstehen, und sei es nur an den Grenzen Ihres begrenzten Verstands, haben Sie die Macht begriffen, die in der Verwendung des göttlichen Namens zur Manifestation Ihrer Wünsche liegt.

Wenn Sie zu Gott sagen: »ICH BIN DAS«, antwortet Gott Ihnen nicht mit: »Das bist du.« Der Schöpfer antwortet: »ICH BIN.« In gewissem Sinne sagt Gott damit durch Sie: »Wenn du dies beanspruchst, dann beanspruche ich es auch, denn wir sind EINS!« »ICH BIN DAS ICH BIN« wird dann wieder zu einer einzigen Aussage. Gott spricht zu Gott und Gott antwortet Gott. Und was würde Gott sich geben? Alles!

Jetzt verstehen Sie die Anfangsstufe – die erste Form des Moses-Codes. Wenn Sie dies üben und seine Wirkung erfahren, werden Sie die Macht des Namens Gottes direkt erleben, genauso wie einst Moses und die Israeliten. Die Wunder, die sich in Ihrem Leben auf natürliche Weise einstellen werden, sind ein Spiegel jener großen Wunder, welche die Menschen damals erfahren haben. Werden sie so deutlich sein wie die Teilung des Roten Meeres? Natürlich, denn für Gott ist ein kleines Wunder nicht mehr und nicht weniger als ein großes Wunder, das die Welt verändert. Sie unterscheiden sich nicht, weil es in der Ewigkeit keine Konzepte von klein und groß gibt – das sind nur Beurteilungen des Verstands. Der Moses-Code führt Sie jedoch weg vom Verstand und hin zu Ihrer Seele.

Ich habe bereits betont, wie wichtig es ist, dass Sie das *Gefühl* haben, das Ersehnte habe sich bereits verwirklicht. Das ist einer der wichtigsten Aspekte des Moses-Codes. Gott wird Ihnen immer genau das geben, was Sie wünschen. Leider bitten wir oft um Dinge, die wir gar nicht wollen, und sie werden uns gegeben, weil wir darum gebeten haben. Wenn Sie also das Gefühl haben, dass Ihnen etwas eigentlich nicht zusteht oder für Sie unerreichbar ist, werden Sie es nicht erhalten. Ihre Gefühle sind der Schlüssel dazu, ob etwas, das Sie sich wünschen, in Ihr Leben kommt oder nicht. Der Fluss der göttlichen Energie folgt Ihrer Regie: Wenn Sie *fühlen,* dass Sie etwas nicht haben, dann reagiert die Energie auf das *Nichthaben.* Wenn Sie aber fühlen, dass Sie etwas *bereits haben,* dann wirkt das Göttliche entsprechend. Ihre Gefühle steuern das Rad, welches das Schiff Ihres Lebens in den Hafen Ihrer kühnsten Träume lenkt und den Kurs Ihres Schicksals auf die Erfüllung all Ihrer Wünsche ausrichtet.

2. Übung: Anlocken des Gewünschten

Erstellen Sie eine Liste einiger Dinge, die Sie gerne in Ihrem Leben hätten. Dann begutachten Sie die Liste und wählen etwas aus, das Sie wirklich berührt. Was begeistert Sie am meisten? Was inspiriert Sie, es einmal mit dem Moses-Code zu versuchen? Dies wird Ihr erster Versuch mit dieser heiligen Technik sein. Wenn Sie so weit sind, begeben Sie sich an einen ruhigen Ort, um ungestört zu sein. Entspannen Sie sich und machen Sie es sich bequem.

Stellen Sie sich vor, Sie sitzen in einem Kino und betrachten den Film Ihres Lebens. Sie sehen eine zukünftige Szene, in der Sie jenes, das Sie aus Ihrer Liste ausgewählt haben, bereits angelockt haben. Stellen Sie es sich möglichst detailliert vor. Sind auch andere Personen beteiligt? Was sagen sie? Hören Sie den Gesprächen zu und achten Sie auf die kleinsten Details. Machen Sie es so realistisch wie möglich.

Jetzt atmen Sie tief durch und stellen sich vor, dass Sie selbst in die Szene eintauchen. Sie schauen nicht länger zu, sondern leben jetzt darin und verbinden sich mit all den Gefühlen. Wenn Sie zum Beispiel eine perfekte Beziehung ersehnen, stellen Sie sich vor, Sie sind mit Ihrem Seelenpartner zusammen und spüren die damit verbundene Liebe und Dankbarkeit. Lassen Sie sich auf die Szene ein. Spüren Sie das *Haben* mit allen Aspekten Ihres Seins.

Während Sie so involviert sind, fangen Sie an, den Moses-Code zu praktizieren. Beim Ausatmen sagen Sie laut: »ICH BIN DAS«, in der Überzeugung, dass Sie zu dem geworden sind, wonach Sie streben. Beim Einatmen sagen Sie: »ICH BIN«, in dem Wissen, dass Gott es *durch* Sie und *als* Sie in Anspruch genommen hat. Halten Sie die Vision aufrecht und verleihen Sie ihr durch die Worte mehr Energie und einen kraftvollen Impuls. Lassen Sie das Gefühl des *Habens* in sich anwachsen und Ihr ganzes Herz erfüllen.

Wenn Sie das Gefühl verinnerlicht haben, atmen Sie tief durch, während Sie die Augen noch geschlossen halten. In der Entspannung lassen Sie es zu, dass die Energie, die Sie aufgebaut haben, in Ihre Seele sinkt. Vor allem bedanken Sie sich dafür, dass Sie jenes erfolgreich in Ihr Leben gezogen haben, wonach Sie sich sehnen. Vielleicht haben Sie bemerkt, dass ich das so formuliert habe, als wäre es bereits geschehen. Genauso müssen Sie das sehen: Holen Sie die Energie aus der Zukunft in die Gegenwart.

Jetzt haben Sie alles getan, was zu tun ist. Ihre Energie und Ihre Wertschätzung sind die einzigen nötigen Zutaten. Wenn sie in Ihnen zusammenkommen, ist der Moses-Code komplett.

3

RAMSES DER GROSSE

Wie war es möglich, dass Moses, ein alter, unbekannter Mann, sich vor den mächtigsten Mann der Welt stellen konnte und ihn dazu veranlasste, die Hebräer freizulassen? Gibt es einen Unterschied zwischen der weltlichen Macht des Pharaos und der göttlichen Energie, die Moses durch die Anwendung des Namens Gottes hervorbringen konnte?

Erinnern wir uns daran, dass Moses – ursprünglich ein geachtetes Mitglied der königlichen Familie Ägyptens – ins Exil geflohen war und 40 Jahre lang Schafe gehütet hatte. Angenommen, er war ungefähr 20 Jahre alt, als er wegging, dann wäre er zum Zeitpunkt seiner Begegnung mit dem brennenden Dornbusch 60 Jahre alt gewesen. Aus unserer Sicht mag das nicht so alt erscheinen, aber zu seiner Zeit war das ein äußerst seltenes Alter. Die Lebenserwartung eines Mannes lag bei 40 bis 45 Jahren. Verglichen mit der heutigen Lebenserwartung wäre Moses vielleicht 90 Jahre alt gewesen – nicht gerade das geeignete Alter, um noch großen weltlichen Einfluss zu gewinnen.

Der Pharao dagegen genoss alle Macht der damaligen Welt. Man kann sich kaum vorstellen, wie es damals war, ein Reich wie das ägyptische zu regieren. Seine kulturelle Überlegenheit war legendär. Viele bedeutende architektonische Leistungen der Geschichte stammen aus dieser Epoche. Ramses der Große war der Herrscher aller Herrscher.

Schauen wir uns diese wichtige Person unserer Geschichte einmal näher an: Ramses II. wird oft als der größte Herrscher Ägyptens bezeichnet. Unter seiner Regentschaft wurden die großartigsten Stadtanlagen und Tempel gebaut. Er führte seine Armee zu herausragenden Siegen und begründete damit die Vorherrschaft der Ägypter über alle Reiche weit und breit. Ramses II. wurde um 1302 v.d.Z. geboren. Man geht davon aus, dass er ungefähr zwanzigjährig den Thron bestieg und dann bis 1213 v.d.Z. regierte, insgesamt 66 Jahre. Manche meinen, er sei 99 Jahre alt geworden, aber wahrscheinlich ist er im Alter von 90 oder 91 gestorben. Das würde bedeuten, dass er Moses noch gekannt haben könnte, als dieser zur königlichen Familie gehörte. Ob er allerdings auch von Moses' hebräischer Abstammung wusste, wird wohl immer unklar bleiben.

Ramses der Große hat in seinem Leben Bedeutendes bewirkt. Heute, rund 3 000 Jahre später, gilt er als der produktivste Herrscher, den Ägypten jemals hatte. Schon bevor er die Schlacht bei Kadesch gewann, die seine Herrschaft endgültig besiegelte, ließ er unzählige Tempel, Monumente und Städte errichten. Als neue Hauptstadt ließ er im Nildelta die Stadt Pi-Ramesse (»Ramsesstadt«) bauen; von dort führte er auch die Kriege gegen die Hethiter. Die Stadt wurde auf den Ruinen von Auaris errichtet, der ehemaligen Hauptstadt von Hyksos. Auch der berühmte Seth-Tempel stand hier. Pi-Ramesse galt als heilige Stadt des Ramses, weil er hier angeblich die Energien der Gottheiten Seth, Horus und Amun sowie seines Vaters Seti vereinte.

Ramses war also von der Macht der Götter durchdrungen. Bei den monotheistischen Israeliten erregte das sicher Missfallen. Nichtsdestotrotz wurde der Pharao göttergleich verehrt. Er war die absolute Verkörperung von Autorität und Macht.

Man kann sich leicht vorstellen, was Ramses gedacht haben muss, als Moses in seinem prächtigen Palast auftauchte. Hat er ihn wiedererkannt? Wusste er noch, dass Moses aus der Gnade gefallen und geflohen war – worauf man nie wieder von ihm hörte, zumindest nicht bis zu diesem Moment? Wir wissen nur, dass Ramses offensichtlich unbeeindruckt blieb – schließlich waren die Machtverhältnisse vollkommen klar. Moses trat wohl im Gewand eines Wanderhirten auf, während Ramses seine königlichen Gewänder trug. Moses vertrat zwar das ganze Volk der Israeliten, aber sie waren Sklaven, deren einzige Bedeutung in ihrer Arbeitskraft lag. Der Pharao repräsentierte dagegen alles, was in der damaligen Welt als zivilisiert und gut galt. Man könnte meinen, Moses hätte nicht die geringste Chance gehabt. Doch es kam anders ...

Moses war sich seiner selbst vermutlich ebenso unsicher, wie Ramses selbstsicher war. Als er dem Pharao gegenübertrat, fragte er sich wahrscheinlich nicht nur, ob der Traum seines Volkes von der Freiheit hier schon enden würde, sondern auch, ob nicht vielleicht sein eigenes Leben gleich mit vergehen würde. Einst hatte ihm die Flucht das Leben gerettet, doch auf Gottes Geheiß war er nun zurückgekehrt, und er hatte keine Ahnung, womit er zu rechnen hatte. Neben der Majestät des Pharaos mag

Moses' Schlichtheit naiv und dumm gewirkt haben. Auch das schlug sicher nicht zu seinen Gunsten aus.

Doch vielleicht sah das Szenario auch anders aus: Die Tatsache, dass sich Moses entschloss, Gottes Aufforderung nachzukommen, ist vielleicht ein Zeichen dafür, dass er sich seines Sieges gewiss war. Gott hatte ihm gesagt, dass ihm der heilige Name Autorität und Macht verleihen würde. Es scheint so, als habe er Moses überzeugt. Hatte Moses vielleicht schon ausprobiert, was mit dem »Code« möglich war? In diesem Fall hätte er die schöpferische Kraft des göttlichen Namens schon mit eigenen Augen gesehen und wäre voller Selbstvertrauen vor den Pharao getreten.

Wie hätte der Pharao wohl auf ein ausgeprägtes Selbstvertrauen reagiert? Die Tatsache, dass Moses nicht sofort getötet oder bestraft wurde, weist darauf hin, dass Ramses entschied, sich von ihm ein wenig unterhalten zu lassen. Vielleicht machte ihn irgendetwas an Moses' Geschichte neugierig. Natürlich behielt sich Ramses vor, seine Entscheidung jederzeit zu ändern und Moses und die Hebräer wieder auf ihren Platz zu verweisen, falls seine Neugier nachlassen sollte. Und so kam es auch.

Moses begann mit der Bitte, Ramses möge den Israeliten eine Auszeit gewähren, damit sie drei Tage lang in die Wüste gehen und ihrem Gott opfern könnten. Ramses war offenbar erstaunt über das Ansinnen und tat genau das Gegenteil: Bis dahin hatten die Ägypter den Sklaven genug Stroh gegeben, um die Lehmziegel für die Prachtbauten herzustellen. Um Moses und den Israeliten zu zeigen, wer hier das Sagen hatte, verlangte Ramses jetzt, dass sie die Ziegel mit ihrem eigenen Stroh herstellen sollten, und verdoppelte damit ihren Arbeitsaufwand.

Doch Moses ließ sich nicht entmutigen und kehrte zurück, um Gottes Wunsch Nachdruck zu verleihen. Jetzt war klar, dass der Wille des Pharaos gegen den Willen Gottes stand – ein Kampf, den der ägyptische Herrscher zweifellos verlieren würde.

In einem Western wäre das die Stelle für den Showdown gewesen. Moses hatte sicher geübt, aus seinem Stock eine Schlange und aus Wasser Blut entstehen zu lassen und dergleichen, doch in jenen Zeiten war die Welt voll mit Magiern und Zauberern, vor allem an einem Hof wie jenem von Ramses dem Großen. Als Moses vor den Pharao trat und seinen Stock zu Boden warf, der daraufhin anfing, sich über die Erde zu schlängeln, ließ Ramses seine Zauberer rufen und gegen ihn antreten. Sie vollbrachten die gleiche Verwandlung, aber die Schlange des göttlichen Boten verschlang die Schlange des Pharaos, sodass dieser Wettstreit zu Moses' Gunsten ausging.

Obwohl es den Zauberern von Ramses gelang, einige Wunder Moses' nachzuahmen, kristallisierte es sich heraus, dass sie unterliegen würden. Als Nächstes brach eine Reihe von Plagen über Ägypten herein, scheinbar auf Moses' Befehl aufgrund der Macht des göttlichen Namens. Im Buch Exodus werden folgende Begebenheiten berichtet:

- Flüsse und andere Gewässer wurden zu Blut (7,14–25)
- Frösche (7,26–8,11)
- Stechmücken (8,12–15)
- Stechfliegen (8,16–28)
- Krankheiten des Viehs (9,1–7)
- Blattern, unheilbare Geschwüre (9,8–12)

- Hagelschlag, schwere Gewitter (9,13–35)
- Heuschrecken (10,1–20)
- Finsternis (10,21–29)

Allmählich begriff der Pharao, dass er es hier mit einer Macht zu tun hatte, die er nicht begreifen konnte. Schließlich ließ er sich darauf ein, die Hebräer drei Tage in die Wüste ziehen zu lassen, um zu opfern, unter der Bedingung, dass Moses das Land von der Froschplage befreite. Doch als all die Frösche plötzlich starben, legte sich ein schrecklicher Gestank über das Land, und der Pharao geriet darüber so in Zorn, dass er seine Zusage zurückzog. Letztendlich führte das Hin und Her zu der furchtbarsten Plage von allen: Plötzlich starb jedes erstgeborene Kind der Ägypter einen unerklärlichen Tod.

Dieser letzte Schlag gegen den Pharao wirft eine wichtige Frage auf: Der Gott, der hier und an vielen anderen Stellen des Alten Testaments dargestellt wird, scheint sich stark vom Gott Jesu und anderer großer Propheten zu unterscheiden. Wir haben soeben gehört, dass Moses die unglaubliche Macht des göttlichen Namens anvertraut wurde, und er verwendet ihn, um der ägyptischen Bevölkerung großen Schaden zuzufügen, ja sogar um zu morden.

Der Gott des Alten Testaments

Wir können an dieser Stelle die Frage stellen, ob die überlieferte Geschichte vom Sieg der Israeliten über die Ägypter dem entspricht, was sich wirklich zugetragen hat, oder ob sie vielleicht im Lauf der letzten 3000 Jahre etwas ausgeschmückt wurde, um hervorzuheben, dass die Israeliten das auserwählte Volk Gottes sind. In den Erzählungen von Exodus begegnen wir einem eifersüchtigen, rachsüchtigen Gott, der rasch zuschlägt, wenn seine Boten kein Gehör finden. Das entspricht nicht unserer modernen Auffassung von Gott als einem bedingungslos liebenden Schöpfer. In diesem Buch tauchen diese beiden Vorstellungen von Gott immer wieder vermischt auf. Manchmal beziehe ich mich auf den wohltätigen, barmherzigen Gott, während ich an anderen Stellen mehr auf das alte Konzept eines höchsten Wesens zurückgreife, das absoluten Gehorsam verlangt.

Was ist nun wahr? Wir können nicht wissen, wie viel von der Geschichte Moses' sich tatsächlich historisch ereignet hat. Wissenschaftler und Theologen streiten seit Jahren darüber; und da ich weder das eine noch das andere bin, will ich diese Debatte lieber ihnen überlassen. Mir geht es hier um etwas anderes, und das ist unabhängig davon, ob sich alles wirklich genau so zugetragen hat oder nicht. Mich interessiert, was uns diese Geschichte lehren kann und was für uns heutzutage wichtig sein könnte.

Meiner Ansicht nach geht es hier darum, unsere Einheit mit dem Göttlichen zu erkennen. Moses und den Israeliten ist das durch die Anwendung des heiligen Namens gelungen – zumindest für eine Weile. Wir fangen gerade erst an, die Geheimnisse dieses Namens zu erkunden. (Im Anhang habe ich einen Artikel des Klangheilers Jonathan Goldman beigefügt, der erstaunliche Entdeckungen über die mathematischen und schwingungstechnischen Eigenschaften des heiligen Namens gemacht hat.) Diese Geheimnisse legen die Vermutung nahe, dass hinter dem heiligen Namen und sogar hinter der Art, wie die Geschichte von Moses vermittelt wurde, eine mächtige Absicht wirksam war.

Die meisten Menschen wissen auch, dass die ersten fünf Bücher der hebräischen Bibel, die Thora, anscheinend bestimmte Botschaften und Prophezeiungen enthalten, die erst im Computer-Zeitalter entschlüsselt werden konnten. Das Buch *Der Bibel-Code* von Michael Drosnin erregte international Aufsehen, weil darin behauptet wurde, dass die Thora sogar den Anschlag auf Premierminister Itzhak Rabin vorausgesagt habe. Angeblich hat man Rabin geraten, nicht zu jener unglückseligen Veranstaltung zu gehen. Seine Entscheidung, diesen Rat zu missachten, hat ihn das Leben gekostet.

Lange zuvor hat schon Isaac Newton in der Bibel nach verborgenen Botschaften gesucht. Er war davon überzeugt, dass die Bibel ein »Kryptogramm des Allmächtigen« sei, ein »Rätsel, in dem die Ereignisse der Vergangenheit und der Zukunft in göttlicher Weisheit vorherbestimmt sind ... Diese Prophezeiung wird die Offenbarung genannt, ein Hinweis auf die Schrift der Wahrheit, welche Daniel auf göttlichen Befehl versiegelt und verborgen hat, bis zum Ende der Zeit ... Wenn diese Zeit gekommen ist, wird das Lamm die Siegel brechen.«

Die Rätsel, welche die Thora aufgibt, sind so unzählig, dass es nicht verwundern kann, dass wir immer noch neue Geheimnisse in ihr entdecken. Doch warum hat der Moses-Code so wenig Beachtung gefunden?

Im Buch Exodus wird die Methode beschrieben, mit der sich die Israeliten von der ägyptischen Herrschaft befreiten und ins gelobte Land gelangten. Ermöglicht wurde dies durch die Wunder, die Moses bewirkte, indem er den Namen ICH BIN DAS

45

ICH BIN – oder auf Hebräisch AHYH ASR AHYH[3] – anwendete. Die Tatsache, dass die meisten orthodoxen Juden den heiligen Namen verborgen hielten oder er nur im Tempel ausgesprochen werden durfte, führte dazu, dass seine wahre Wirkung in Vergessenheit geriet, genauso wie die genaue Aussprache.

Während zwei weitere Weltreligionen – das Christentum und der Islam – aus der Wurzel des abrahamitischen Glaubens hervorgingen, geriet die ursprüngliche Bedeutung des Namens ins Abseits. Doch es gab mindestens einen Menschen, der sich an sie erinnerte ...

Jesus!

In Johannes 8,58 sagt Jesus: »Noch ehe Abraham wurde, BIN ICH.« Mit den Worten ICH BIN erklärte Jesus, dass er eins ist mit Gott. Das wurde offensichtlich auch so verstanden, denn bereits im nächsten Vers erfahren wir, wie die Pharisäer und Schriftgelehrten darauf reagierten: Sie warfen mit Steinen nach ihm.

Jesus sagte nicht einfach nur den Namen – er beanspruchte ihn. Für die Pharisäer und Schriftgelehrten war das höchste Gotteslästerung, denn aus ihrer Sicht war Gott unnahbar und jenseits aller menschlichen Reichweite. Als Jesus einfach sagte:

[3] Sprich: »Ähjäh aschär ähjäh.« Die Umschrift der hebräischen Sprache wird (auch innerhalb Deutschlands) bisher kaum einheitlich gehandhabt. Zu finden ist daher z. B. ebenso die Umschrift EHJEH ASHER EHJEH oder EHYEH ASHER EHYEH. Im Hebräischen stehen jedenfalls (dort natürlich von rechts nach links) die folgenden Buchstaben: Aleph, He, Jod, He – Aleph, Schin, Resch – Aleph, He, Jod, He. Diese Information wird bedeutsam bei den späteren Ausführungen zur Gematria. (Anm. d. Redakt.)

»ICH BIN Gott«, glaubten sie, aufs Härteste reagieren zu müssen.

Und doch ist genau das die *Essenz des Moses-Codes: die Erkenntnis, dass wir alle eins sind mit Gott und dass wir, wenn wir das erkennen, mit der Macht Gottes in der Welt wirksam werden können.* So hat Jesus seine Wunder bewirkt. Er war die Verkörperung des Namens Gottes, bis hin zur Überwindung des Todes.

Aus unserer Sicht ist dies das höchste und letztendliche Ziel des Moses-Codes: zu erkennen, dass wir in unserer Essenz ewig sind, und damit auf ähnliche Weise den Tod zu transzendieren. Jesus sagte:

> *»Wer an mich glaubt, wird die Werke, die ich vollbringe, auch vollbringen, und er wird noch größere vollbringen ...«*
> (JOHANNES 14,12)

Wenn das stimmt, dann ruht die Fähigkeit, Wunder zu vollbringen, in jedem Einzelnen von uns. In dem zeitgenössischen spirituellen Text *Ein Kurs in Wundern* heißt es, dass wundersame Begebenheiten nur natürlich sind, ein Zeichen des Einklangs zwischen Gott und unserem eigenen Bewusstsein. Dort steht auch, dass es hinsichtlich der Schwierigkeit von Wundern keine Hierarchie gibt. Auf einem überfüllten Parkplatz eine freie Stelle zu finden funktioniert nach den gleichen Gesetzen, wie einen Menschen vom Tod zu erwecken. Das Wesentliche ist der Einklang mit der Quelle – auch Gott genannt. In diesem Einklang ist alles möglich.

Durch die Anrufung des Namens Gottes verbinden wir uns mit der Kraftquelle, die uns befähigt, Wunder zu bewirken. Er bildet eine Brücke zwischen der Welt und dem Himmel und zieht alles in unser Leben, was wir brauchen, um glücklich und zufrieden zu sein.

Wir leben heute in einer Welt, in der wir nicht mehr Gefahr laufen, gesteinigt zu werden, wenn wir den göttlichen Namen und seine Energie verwenden. Es gibt also keinen Grund mehr, sich zurückzuhalten. Jahrtausende sind vergangen, seit die Menschheit diese Gabe empfangen hat, und wir brauchen sie heute mehr als je zuvor.

3. Übung: Beschränkungen überwinden

Als Moses vor dem Pharao stand, hatte er zwar großes Vertrauen in die Rolle, die Gott ihm zugewiesen hatte, aber wegen seiner Hemmungen, frei zu sprechen, vielleicht auch wegen einer »echten« Sprachstörung, konnte er nur mithilfe eines Freundes mit dem Pharao kommunizieren.

Jeder von uns hat auf seine Weise irgendetwas, das uns unser Selbstvertrauen raubt. Vielleicht hatten Sie eine schwierige Kindheit oder Sie leiden unter irgendeiner Art von körperlicher Einschränkung. Fangen Sie damit an, all die Dinge aufzulisten, die Sie möglicherweise davon abhalten, das zu erreichen, wonach Sie sich sehnen. Lassen Sie hinter jedem Posten etwas Platz für den nächsten Teil der Übung.

Sobald Sie sämtliche Beschränkungen Ihres Lebens aufgelistet haben, können Sie sie mit dem Moses-Code ausgleichen. Sie überlassen sie Gott, damit Gott sie sinnvoll einsetzen kann, wie Gott auch Moses sinnvoll eingesetzt hat. Nehmen Sie sich jeden Posten Ihrer Liste einzeln vor. Atmen Sie tief durch und fragen Sie sich: *Wie kann Gott mithilfe dieser Sache Liebe in die Welt bringen?*

Vielleicht haben Sie aufgeschrieben: »Meine Eltern waren Alkoholiker.« Dann können Sie dahinter schreiben: »Aufgrund dieser Erfahrung betrachte ich andere Menschen, die unter Suchtproblemen leiden, mit mehr Mitgefühl.« Finden Sie dann heraus, welches Wort in diesem Satz die positive Absicht am deutlichsten macht. In unserem Beispiel wäre es das Wort »Mitgefühl«. Weil Sie Eltern hatten, die unter Alkoholsucht litten, können Sie anderen mit mehr Mitgefühl begegnen. Wählen Sie auf diese Weise zu jedem Punkt ein oder zwei Begriffe aus und schreiben Sie sie auf ein extra Blatt damit Sie den Überblick bewahren.

Jetzt kehren wir zum Moses-Code zurück: Sie beginnen damit, auf eines der Worte bzw. auf eine der Gaben zu schauen, die Sie durch Ihre sogenannten Beschränkungen entwickelt haben. Wäre es zum Beispiel der Ausdruck »Mitgefühl« sagen Sie beim Ausatmen: »ICH BIN DAS«, und spüren dabei, wie sich Ihr Herz mit Einfühlungsvermögen, Liebe und Güte erfüllt. Beim Einatmen sagen Sie: »ICH BIN«, in dem Wissen, dass Gott *mit* Ihnen und *durch* Sie diese Qualität in Ihnen in Anspruch nimmt. Fahren Sie damit fort, bis Sie sich von dieser neuen Geisteshaltung belebt fühlen und erkennen, dass Sie diese Gabe genauso jederzeit verwenden können, wie Moses damit seinerzeit seine eigenen Beschränkungen überwand.

4

Ein Gespräch mit Gott

Einer meiner großartigsten Mentoren und besten Freunde war in den letzten zehn Jahren der Wissenschaftler und Autor Gregg Braden. Als wir uns 1998 zum ersten Mal begegneten, beschlossen wir zusammen mit Doreen Virtue, ein großes Experiment durchzuführen, um herauszufinden, ob eine große Gruppe hingebungsvoller Menschen mithilfe von affirmationsähnlichen Gebeten weltliche Ereignisse beeinflussen könnte.

Wir setzten uns ein einfaches Ziel: Wir suchten einen bestimmten Ort in der Welt aus, wo es völlig an Zusammenarbeit und Mitgefühl zu mangeln schien, und projizierten dorthin das *Gefühl* von »Frieden setzt sich jetzt durch«. Wir führten dieses Experiment mit dem Irak, mit Israel und vielen anderen Regionen durch. Die Ergebnisse festigten unsere Überzeugung, dass diese Art des *Gebets* nicht nur eine große Kraft birgt, sondern dass es sich hierbei möglicherweise um *die mächtigste Kraft des Universums* handelt.

Hier ein Beispiel für eines dieser Experimente: 1999 standen die USA und ihre Alliierten kurz von einem Krieg mit dem Irak. Saddam Hussein hatte die UN-Inspektoren des Landes verwiesen und es schien keine Möglichkeit mehr zu geben, einen internationalen Konflikt zu vermeiden. Am 13. November hielten Gregg, Doreen und ich auf einer Konferenz in Florida Vorträge. Wir beschlossen, eine weltweite Friedensmeditation für diese kritische Situation anzuregen.

Die Nachricht wurde über viele Online-Netzwerke in alle Welt verbreitet. Als der verabredete Augenblick kam, beteiligten sich weltweit Hunderttausende von Menschen daran. Per Internet wurde übertragen, wie wir gemeinsam auf der Bühne standen und die Meditation anleiteten. Die Energie war deutlich spürbar. Ich weiß noch, dass es sich anfühlte, als würde es Frieden »regnen«, doch erst am nächsten Morgen konnten wir erkennen, welch eine starke Wirkung das Ganze auf den Irak gehabt hatte.

In den Morgennachrichten hieß es, am Abend, während wir gebetet hatten, habe Präsident Clinton entschieden, mit der Bombardierung des Iraks zu beginnen. Die Kampfflugzeuge hatten schon Aufstellung bezogen und erwarteten ihre abschließenden Befehle. Doch die Zeit verstrich und die Piloten wunderten sich. Dann, zum großen Erstaunen aller Beteiligten, befahl Clinton die Flugzeuge wieder in die Trägerschiffe zurück. Kurze Zeit später – als hätte er es sich doch anders überlegt – sollten sie wieder aufgestellt werden. Doch auch diesmal kam kein endgültiger Befehl, die Bomben fallen zu lassen. Die Jagdflieger kehrten mit vollen Waffenschächten zurück. Es gab eine Flugsperre, aber niemand wusste so recht, warum.

Ist es nicht erstaunlich, dass dies genau zu der Zeit geschah, als sich Hunderttausende von Menschen auf Frieden in dieser

Region konzentrierten? Nun, im Grunde hoffe ich, dass es Sie nicht erstaunt, denn das würde bedeuten, dass Sie die Macht, die in diesem Instrument zur Manifestation von allem Gewünschten liegt, bereits akzeptiert haben. Was wir auf internationaler Ebene bewirkt haben, können Sie auch in Ihrem eigenen Leben erreichen.

Ein unmöglicher Auftrag

Stellen Sie sich vor, Sie wären Moses, ein alter Wanderhirte, dessen beste Tage lange verstrichen sind. Nun werden Sie von Gott aufgefordert, sich vor den mächtigsten Mann der Welt zu stellen und ihn zu bitten, seine Arbeitskräfte gehen zu lassen. Das Wort »unmöglich« erscheint hier noch viel zu schwach. Doch Moses scheint kaum gezögert zu haben. Er machte sich gleich auf den Weg zum Pharao, um seine Bitte vorzutragen, wohl wissend, welche Art von Antwort er erhalten würde. Doch er ließ sich nicht entmutigen, denn er wusste sich im Besitz eines Geheimnisses, das der Pharao niemals verstehen würde – ein Geheimnis, das jede Armee der Welt überwinden konnte. Es dauerte eine Weile, bis der Pharao überzeugt war, aber als er merkte, dass weder er noch seine Zauberer an die Macht heranreichen konnten, die Moses zu eigen war, öffnete er sich dessen Anliegen und ließ die Israeliten ziehen.

Jetzt verfügen Sie über das gleiche Geheimnis wie Moses: den heiligen Namen Gottes. Wenn Sie lernen, wie Sie seine erstaunlichen Kräfte in Ihrem eigenen Leben freisetzen können, werden Sie entdecken, was die größten Geister der Geschichte wussten: Die Macht Gottes liegt in Ihnen, und Sie können damit tun, was immer Sie wollen. Sie wenden Sie ohnehin die ganze Zeit an, allerdings unbewusst. Jetzt, da Sie sich dessen bewusst sind, können Sie sie zum Wohl Ihrer selbst und aller anderen einsetzen.

In seinem Buch *The God Code – Das Geheimnis in unseren Zellen* entwickelt und legt Gregg Braden die Prämisse dar, dass der Name Gottes in jeder Zelle des menschlichen Körpers zu finden ist. Greggs Untersuchungen zufolge lassen sich die Grundelemente der DNS – Wasserstoff, Stickstoff, Sauerstoff und Kohlenstoff – direkt in bestimmte Buchstaben des hebräischen Alphabets übertragen, die sich in einen weiteren der ursprünglichen Namen Gottes übersetzen lassen. Wenn die Menschheit erst erkannt hat, dass in jeder Zelle jedes Menschen auf der Erde der Name Gottes eingeschrieben steht, wird sie – so meint Gregg – endlich den Beweis haben, den sie braucht, um das Gute über das Böse siegen zu lassen. Kurz gesagt, werden wir dann das erreichen, wonach sich jeder Mensch am meisten sehnt: *Frieden.*

Jenseits von Christentum, Judentum, Hinduismus, Buddhismus, Schintoismus, Schwarz, Weiß, Rot oder Gelb – ob Mann, Frau oder Kind – die Botschaft erinnert uns an unser Mensch-Sein. Und wenn wir diese unveränderliche Wahrheit einmal anzweifeln sollten, brauchen wir nicht weit zu suchen: Jede Zelle unseres Körpers erinnert uns daran.
GREGG BRADEN (THE GOD CODE, S. 244)

Der Moses-Code ist in unseren Körpern und in unserem Geist enthalten. Jede Zelle singt das gleiche Lied, das Lied der Schöpfung, und jedes Herz schlägt im Rhythmus dieser Melodie. Diese Energie transzendiert alles, was unser Verstand je begreifen kann, und vereint uns mit den elementaren Kräften, die den Intellekt übersteigen. Die intellektuellsten Gelehrten der Welt werden die Komplexität dieses Geheimnisses niemals analysieren können, doch die Unbefangensten unter uns fühlen sich schon damit im Einklang. Es zeigt uns, wer wir sind. Wenn wir den Code entschlüsseln, entdecken wir letztlich die tiefsten Ebenen unseres eigenen Seins.

Wie kommen wir nun selbst mit dem Moses-Code in Kontakt?

Wenn der Name Gottes in unserer DNS eingeschrieben steht, ist es nur logisch, dass er die Grundlage unseres Lebens bildet. Gottes Name erzeugt dann ein Resonanzmuster, das uns, einmal aktiviert, mit allem in Einklang bringt, was wir uns wünschen, egal wie klein oder groß. Wie bereits erwähnt, wird in dem Buch *Ein Kurs in Wundern* erklärt, dass es bei der Erzeugung von Wundern keine verschiedenen Schwierigkeitsgrade gibt. Ein großes Wunder ist nicht schwerer zu vollbringen als ein kleines, weil sie alle nach denselben Regeln funktionieren. Sobald wir diese Regeln verstehen und anwenden, werden sich Wunder ganz von selbst ereignen.

Das bedeutet, Ihren Möglichkeiten sind keine Grenzen gesetzt! Es spielt keine Rolle, wie viel Fülle Sie anstreben, wie glücklich Sie sein wollen, welche Art von Auto Sie fahren oder in welcher Art von Haus Sie leben wollen oder welche Art von Beziehung Sie sich wünschen: Haben Sie einmal das Geheimnis des Moses-Codes verstanden und wenden es an, dann können Sie alle Ihre Ziele genauso leicht erreichen, wie Sie 20 Euro manifestieren können.

Die Entschlüsselung des Codes bedeutet letztlich, sich auf das gleiche Gespräch mit Gott einzulassen wie Moses. Tatsächlich befinden wir uns jeden einzelnen Augenblick unseres Lebens in diesem Gespräch. Manchmal nennen wir es Gebet, doch die meisten Menschen haben nur ein sehr begrenztes Verständnis vom Beten. *In Wirklichkeit ist jeder Gedanke ein Gebet, das eine magnetische Wirkung ausübt: Es zieht das an, worauf sich der Gedanke bezieht.*

Leider neigen wir dazu, Beten zu missverstehen, und zwar als die Bitte um etwas, das uns unserer Meinung nach fehlt. Wenn wir im Gebet um etwas gebeten haben und es dann nicht erhalten, fangen unsere Bittgesuche an, sich in Nötigungen zu verwandeln.

Das rote Fahrrad

Es war einmal ein Junge, der davon gehört hatte, dass man durch Gebete etwas kriegen könne, was man sich wünscht. Seine Eltern hatten ihm erzählt, wenn er Jesus mit genügend Überzeugung um etwas bitte, werde Jesus es ihm sicherlich geben. Also kniete sich der Junge abends vor sein Bett und betete: »Lieber Jesus, ich wünsche mir sehnlichst ein neues, rotes Fahrrad. Meine Mutter hat mir gesagt, wenn ich nur stark genug bete, würdest du es mir sicherlich geben. Bitte schenke mir ein neues Fahrrad.«

Doch als er am nächsten Morgen aufwachte, war da kein Fahrrad. Am nächsten Abend kniete er sich wieder hin. »Lieber

Jesus, ich wünsche mir so sehr das neue Fahrrad, und ich glaube, dass du es mir geben wirst, wenn ich nur stark genug bete. Bitte schenke mir ein neues Fahrrad!«

Doch am nächsten Morgen war wieder kein Fahrrad da.

Der Junge bereitete sich vor, um zur Schule zu gehen, als sein Blick auf den Kaminsims fiel, wo eine Statue der Mutter Gottes stand. Er holte ein Stück Schnur, nahm die Statue vom Sims und schlang die Schnur darum. Dann verstaute er sie in seinem Ranzen. In der Schule steckte er die Statue in seinen Schulschrank und schloss gut ab. Als er am Abend wieder an seinem Bett kniete, betete er:»Lieber Jesus, wenn du deine Mutter jemals wiedersehen willst ...«

Wenn Bitten nicht mehr hilft, versuchen wir es mit Erpressung: Wenn ich Gott nicht dazu kriege, mir das zu geben, was ich will – vielleicht komme ich dann mit Druck weiter.

Der Moses-Code funktioniert nicht, wenn Sie nur um das bitten, was Sie sich wünschen. *Sie müssen es fühlen und wissen, dass Sie es bereits haben.* Jenes, wonach Sie streben, wird automatisch zu Ihnen gezogen, weil das Universum keinen Mangel versteht. Es kennt nur die Fülle, denn Gott gibt kontinuierlich und erweitert sich ständig.

Obwohl die Aufgabe, die Gott Moses gegeben hatte, völlig unmöglich erschien, ließ sich Moses mutig darauf ein und veränderte damit die Welt. Wenn wir uns auf das gleiche Gespräch mit Gott einlassen, in dem Vertrauen, dass uns alles gegeben wird, worum wir bitten, dann wird es uns genauso ergehen. Die Frage lautet nicht, ob uns das, wonach wir uns sehnen, angeboten wird oder nicht. Die Frage ist vielmehr, ob wir uns weit genug öffnen können, um es zu empfangen.

Das Problem liegt darin, dass unsere Gespräche mit Gott in der Regel einseitig sind, nicht weil Gott nicht antworten würde, sondern weil wir nicht gut genug zuhören. Gott antwortet uns, indem er uns gibt, worum wir gebeten haben. So einfach ist das.

Jesus hat gesagt: »Bittet, so wird euch gegeben.« (Matthäus 7,7) Meinen Sie, das hat er nur so dahingesagt, ohne es wirklich ernst zu meinen? Was wäre, wenn Jesus es ganz wortwörtlich meinte – ja wenn es ein Gesetz wäre, das immer wirksam ist, egal ob wir uns dessen bewusst sind oder nicht?

Denken Sie einen Augenblick lang darüber nach. *Gott gibt Ihnen alles, worum Sie bitten.* Immer. Das kann ein ziemlich unangenehmer Gedanke sein, wenn man das Gefühl hat, von lauter Dingen umgeben zu sein, die man nicht haben will. Tatsächlich gibt es das gar nicht, dass Sie etwas in Ihrem Leben haben, was Sie nicht wollen. Ich wünschte, es gäbe eine Möglichkeit, diesen harten Schlag für Sie etwas abzumildern. Aber je eher Sie diese Tatsache anerkennen, desto besser; denn dann fangen Sie an, für alles, was Sie erleben, die volle Verantwortung zu übernehmen – und nicht nur für jene Details, die Sie mögen.

Solange Sie mit der Vorstellung durchs Leben gehen, dass Sie um manche Ereignisse in Ihrem Leben gebeten haben und um andere nicht, können Sie sich den Moses-Code niemals aneignen. Dann sitzen Sie in einem Gefängnis, das Sie selbst erschaffen haben, hinter einer Tür, die noch nicht einmal verschlossen ist. Sobald Sie sie berühren, schwingt sie auf – jedoch nur, wenn Sie sich auf die Möglichkeit einlassen, dass die Macht Gottes in jedem Augenblick Ihres Lebens in Ihnen lebt. Sie haben das

Gefängnis errichtet, Sie haben sich verdammt, Sie haben sich in Ketten gelegt und die Tür geschlossen. Allerdings:

**Gott hat Ihnen nicht die Macht verliehen,
die Tür zu verriegeln!**

Lassen Sie uns einen Augenblick innehalten und dankbar sein. Es gibt ein eingebautes Rettungssystem, das nicht unter Ihrer Kontrolle steht. Es gibt einen Teil von Ihnen – einen sehr großen Teil –, der nicht hören will, was ich gerade geschrieben habe. Er wird alles tun, um diese Erkenntnis zu vermeiden, selbst wenn es auf Kosten Ihres eigenen Glücks gehen sollte. Wenn sich das Ego zwischen Glücklichsein und Opfersein entscheiden muss, wird es immer das Opfersein wählen.

Eine der größten Ironien im Leben Ihres Egos ist, dass es nicht immer in Ihrem besten Interesse wirkt. Ihr Ego leidet lieber, als dass es die Wahrheit anerkennt. Warum? Weil die Wahrheit verlangt, dass Sie für alles, was Ihnen widerfährt, verantwortlich sind. Das ist einfach zu viel verlangt. Es würde bedeuten, dass alles, was Sie je erfahren haben – Gutes und Schlechtes –, so war, weil Sie es so wollten. Das würde heißen, dass Sie nicht dieser kleine, schwache Körper sind, an den Ihr Ego glaubt. Man könnte aufgrund dieser Erkenntnis sagen:

Houston, wir haben ein Problem ...[4]

---

[4] »Houston, we've had a problem ...« ist ein viel zitierter Ausspruch des Astronauten John Swigert beim Flug von Apollo 13 zum Mond (1970), bei dem es ernstliche Probleme gab. (Anm. d. Redakt.)

... aber die Lösung liegt auf der Hand, nämlich: Die Macht Gottes ist in Ihnen und es gibt nichts, dessen Sie nicht fähig wären! Wie bereits gesagt, ist das etwas, wofür wir dankbar sein sollten, denn jetzt erkennen wir, dass wir die Weisheit und die Fähigkeit haben, uns neu zu entscheiden, statt Knechtschaft die Freiheit zu wählen. Wählen Sie aus dem Blickwinkel der Freiheit, wird daraus mehr Freiheit entstehen. Wenn Sie das akzeptieren können, sind Sie offen, alles zu empfangen, was Sie sich wünschen, einfach indem Sie erkennen, dass Sie bereits alles haben – und dann wird noch mehr von dem Gewünschten zu Ihnen kommen.

Sobald Sie den Moses-Code gelernt haben und ihn praktizieren, wird sich Ihre Freiheit in der Fülle Ihres Lebens widerspiegeln und alles, wonach Sie sich sehnen, wird Ihnen zu eigen sein.

Alles, was in Ihrem Leben ist, haben Sie kreiert und hervorgebracht. Anders ausgedrückt: Es ist Ihnen unmöglich, das Gesetz der Anziehung nicht anzuwenden, einfach weil die schöpferische Kraft Gottes schon immer in Ihnen war. Sie beginnen nicht erst jetzt mit der Anwendung, sondern Sie haben es schon immer getan. Sie erschaffen, wie Gott erschafft – Sie ziehen all das in Ihr Leben, worauf Sie sich konzentrieren und was Sie lieben. Wenn es Dinge in Ihrem Leben gibt, die Sie nicht wollen oder die nicht Ihrem höchsten Wohl dienen, stellt sich nicht die Frage, warum sie da sind, sondern warum Sie sie so lieben. Stehen diese Dinge für etwas, das Sie noch nicht entdeckt haben? Vielleicht sind es begrenzende Konzepte oder Überzeugungen, mit denen Sie versuchen, das Leben zu kontrollieren, statt es loszulassen. Wenn das zutrifft, stellt sich die Frage: Wollen Sie damit fortfahren, diese Überzeugungen und Konzepte zu nähren, und immer mehr Beweise für Ihre Unzulänglichkeit sammeln, oder ist es an der Zeit, sie endlich dem Licht zu übergeben?

Warum lieben wir unsere Unzulänglichkeiten? Die Antwort auf diese Frage lautet von Mensch zu Mensch unterschiedlich. Ganz allgemein lässt sich sagen, dass unsere Unzulänglichkeiten dazu dienen, eine dahinterstehende Überzeugung zu bestätigen: die Idee, dass wir es nicht wert seien, die Gaben Gottes zu erhalten. Wir verdienen angeblich keine Liebe, kein Glück, keinen Frieden, sondern eher Getrenntheit, Krankheit und Tod. Zumindest will Ihnen das Ego das weismachen, aber Ihre Seele, die immer im Einklang mit dem göttlichen Willen ist, sieht das anders.

Nach Gottes Willen steht Ihnen vollkommene Freude zu. Sie können diese jedoch erst genießen, wenn Sie mit seinem Willen im Einklang sind. Ohne Ihr Einverständnis würde Gott sonst vielmehr *gegen* Sie als *mit* Ihnen arbeiten. Bislang denken die meisten von uns, sie verdienten solchen Segen nicht. Und das soll wahr sein? Haben Ihr Tun und Lassen die Liebe Gottes denn bislang wirklich von Ihnen abgehalten – jene Liebe, die doch die Macht hat, an diesen Irrtümern vorbeizuströmen? Wenn dem so wäre, hätten wir alle ein großes Problem, denn jeder von uns ist in gewisser Weise gleich. Glücklicherweise ist das jedoch unmöglich.

Es ist an der Zeit, Ihre Sicht Ihrer selbst wieder mit der Sicht Gottes in Übereinstimmung zu bringen. Gott sieht Sie als vollkommen und heil, was auch immer Sie getan haben mögen.

Gottes Liebe ist bedingungslos, und Sie können nichts tun, um sie zu unterbrechen. Akzeptieren Sie das, dann wird sich die Liebe voll in Ihr Leben ergießen. Halten Sie dagegen an den Illusionen des Egos fest, wird die Liebe blockiert – obwohl sie stets gegenwärtig ist.

4. Übung: Sich Gottes Willen überlassen

Teilen Sie ein Blatt Papier in zwei Spalten: eine für Ihre Überzeugungen und eine für Gottes Überzeugungen. In die erste Spalte schreiben Sie einige der Glaubenssätze, die sich in Ihrem Leben manifestiert haben. Vielleicht sind Sie nicht immer glücklich, vielleicht leben Sie immer wieder als Opfer oder empfinden Mangel, vielleicht halten Sie sich für wenig liebenswert. Gott will jedoch, dass Sie in jedem Augenblick Ihres Lebens glücklich sind und in jeder Hinsicht Fülle erleben. Sie haben sich also in gewisser Weise dem Willen Gottes widersetzt. Daraus ist ein Kampf entstanden. Es ist an der Zeit, endlich zuzugeben, dass Sie diesen Kampf verloren haben.

Wenn Sie überhaupt mit jemandem kämpfen müssen, dann tun Sie es mit Gott, denn diesen Kampf werden Sie immer verlieren. Diesen Kampf des Egos wollen Sie nicht wirklich gewinnen, weil er nur zu ständigem Unglücklichsein führt. Wenn Sie sich dagegen dem Göttlichen in Ihnen hingeben, löst sich alles auf, was die Gaben Gottes zurückhält, und seine Liebe kann Ihnen natürlich zufließen.

In der zweiten Spalte schreiben Sie Gottes Antwort zu jedem Ihrer aufgelisteten Gedanken auf. Angenommen, Sie haben geschrieben: »Ich verdiene es nicht, reich zu sein«, dann schreiben Sie daneben: »Gott will, dass ich in vollkommener Fülle lebe.« Wenn Sie geschrieben haben: »Ich verdiene keine vollkommene Beziehung«, dann schreiben Sie in die zweite Spalte: »Gott will eine perfekte Partnerschaft für mich.«

Sobald Sie überall Gottes Sicht der Dinge ergänzt haben, können Sie sich bewusst entscheiden, diese Sichtweise zu übernehmen. Dazu verwenden Sie die Macht der Gefühle, genauso wie in der vorigen Übung. Welches Gefühl wählen Sie? Vielleicht am besten Freude! Lesen Sie jede Position in der zweiten Spalte, die dem Willen Gottes entspricht, und ziehen Sie sie durch das Gefühl der Freude in Ihr Leben. Erzeugen Sie dann wieder das Gefühl der Dankbarkeit in sich – Dankbarkeit für die neue Entscheidung, die Sie getroffen haben und die im Einklang mit dem steht, was Gott für Sie vorgesehen hat.

Sie können die Wahl treffen, dass sich Ihr Leben in diesem Augenblick zu verändern beginnt. *So sei es und so ist es.*

5

IMAGINATION UND WIRKLICHKEIT

Sie können sich jetzt fragen, ob Sie in Gefangenschaft leben wollen oder in Freiheit. Niemand, der richtig denken kann, würde die Gefangenschaft wählen, wenn die Entscheidung so deutlich vor ihm liegt. Doch wenn wir ehrlich sind, haben wir uns offensichtlich bislang dafür entschieden. Sich selbst als schwach und unzulänglich zu sehen ist eine Art von Gefangenschaft. Haben Sie also vielleicht bislang nicht *richtig* gedacht? Wie denn sonst? Nun, ich meine, Sie haben *gespalten* gedacht.

Ein Symptom des gespaltenen Denkens ist die Überzeugung, dass Sie von Gott getrennt, abgespalten seien. Von diesem Gedanken aus ist es nur ein kleiner Schritt, anzunehmen, dass Sie auch von allem anderen getrennt seien – von allen Menschen, von der Welt und allem, was zu ihr gehört. Natürlich werden die Menschen um Sie herum die Entscheidung widerspiegeln, die Sie im Hinblick auf Ihre Beziehung zu Gott gefällt haben – nämlich dass Sie getrennt und allein gelassen sind. Und wer getrennt und allein gelassen ist, der ist verletzlich und befindet sich daher im Krieg mit allem, was ihn umgibt. Klingt das irgendwie bekannt?

Eine Überzeugung ohne Bezug zur Wirklichkeit kann sich nicht realisieren, nur weil Sie es wollen. Ein Gedanke mag Ihnen wirklich zu eigen sein und sich in Ihrem Leben auf verschiedene Weise manifestieren – wenn er jedoch nicht mit dem Willen Gottes im Einklang ist, wird er wenig echte Wirkung zeigen. Und was keine echte Wirkung hat, ist nicht wirklich.

**Man nennt dies auch Imagination
oder Vorstellungskraft.**

Sie können sich jede Welt vorstellen, die Sie wollen, aber solange sie nur in Ihrem Geist existiert, ist es keine echte Welt. Die einzig wirkliche Welt ist jene, die von wirklichen Gesetzen bestimmt wird – und wirkliche Gesetze können nur von Gott kommen, der schöpferischen Kraft des Universums.

Es gab eine Zeit, in der die meisten Menschen die Erde als eine Scheibe betrachteten. Die kollektive Überzeugung von dieser Flachheit war so stark, dass jede Seefahrt von höchster Angst begleitet war: Was, wenn man vom Weg abkäme und über den Rand fiele? Man stellte diese Überzeugung nie infrage – die Beweise schienen zu erdrückend. Man kann sich an jeden Strand der Erde stellen: Schaut man auf den fernen Horizont, sieht man, dass die Welt dort endet. Das ist deutlich zu erkennen – aber ist es deswegen real?

Was wäre wohl geschehen, wenn Sie aus der Zukunft in jene Zeit gereist wären und allen die Wahrheit gesagt hätten? Sie hätten den Leuten erklärt, die Erde sei rund und die scheinbare Flachheit entstünde durch die Rundung. Wie hätten die Menschen wohl reagiert? Fragen Sie mal Galileo Galilei!

Die Geschichte hat immer wieder gezeigt, dass Menschen, die unkonventionelle oder schwer vorstellbare Erkenntnisse verbreiteten, oft mit Gewalt gezwungen werden sollten, sich der allgemeinen Sichtweise wieder anzupassen. Wenn man im Gefängnis groß geworden ist, haben die Wände etwas Vertrautes. Jeder weiß dann, wo er steht und was von ihm erwartet wird. Es ist nicht so wichtig, ob eine Entscheidung richtig oder falsch ist oder ob sie auf falschen Grundlagen beruht. Wichtig ist dann nur die *Idee,* denn es ist angenehm, zu denken, dass man recht hat.

Doch wie gesagt: Die Idee, dass man recht hat, bewirkt noch lange nicht, dass dem so ist. Stimmt ein Gedanke nicht mit der Wirklichkeit überein, dann hat er keine Wirkung – und keine Wirkung bedeutet, er ist nicht wirklich. Sie können wollen, dass er Wirklichkeit ist; Sie können Energie aufwenden, ihn wirklich erscheinen zu lassen, und es mit aller Macht wünschen – aber diese Gesetze lassen sich nicht brechen. Wenn Sie wider die schöpferische Macht des Universums arbeiten, kann Ihnen alles Wünschen der Welt nichts helfen.

Kehren wir also zu jener schöpferischen Kraft zurück, die wir Gott nennen. Wenn das Ego Sie für verletzlich, schwach und allein hält, aber Gott vom Gegenteil überzeugt ist: Wem von beiden wollen Sie glauben?

Wie sieht Gott Sie eigentlich genau?

- Sie sind heilig
- Sie sind vollkommen
- Sie sind sicher

Die Fülle, nach der Sie streben, entsteht aus der Erkenntnis dieser Wahrheiten – nicht durch Ihren Verstand, sondern durch Ihr Herz. Der Moses-Code bietet Ihnen die Chance, durch die Anwendung des göttlichen Namens Ihren Willen mit dem Willen Gottes in Einklang zu bringen. Je mehr Sie diese Übungen anwenden, desto mehr werden Ihnen diese Gaben zufließen und desto mehr können Sie sie mit anderen teilen. Gott *gibt* einfach, denn alles, was Gott gibt, wird Gott gegeben. Ahmen Sie dies nach, dann gibt es nichts, was Sie nicht vollbringen könnten.

Das Gesetz des Gebens und Empfangens

Wenn es Gottes Wesen entspricht, zu geben, dann würde es uns gut dienen, dies nachzuahmen. In der Vergangenheit haben sich die meisten von uns darauf konzentriert, *zu geben, um zu empfangen*. Hinter allem, was gegeben wird, steckt also die Erwartung, im Gegenzug etwas zu erhalten. Eines der Probleme dieser Denkungsart ist, dass wir gewöhnlich meinen, genau zu wissen, was wir dafür bekommen sollten. Dadurch wird unser Geben zu einem Handel. Wenn wir wollen, dass uns unser Partner den Rücken massiert, bieten wir ihm vielleicht zuerst an, den seinen zu massieren. Das ist im Prinzip kein Problem, doch es gibt eine höhere Form des Gebens, die ohne diesen Handel auskommt.

Was passiert, wenn Ihr Partner seine Rückenmassage gerne annimmt, aber nicht bereit ist, den Gefallen zu erwidern? Wenn Ihre Gabe auf dem Bedürfnis beruhte, selbst etwas zu bekommen, dann wird Sie das wahrscheinlich frustrieren oder ärgern. »Ich massiere dir dauernd den Rücken und du massierst mich nie!« Selbst wenn das eigentlich nicht stimmt – Ihrem Ego erscheint es so. Warum? Weil Ihr Ego nur eines im Sinn hat: zu bekommen. Die Vorstellung, etwas ohne Gegengabe zu geben, erscheint ihm verrückt. »Was habe ich davon?«, fragt das Ego. Die Antwort ist klar. Im Geben ohne Erwartung liegt etwas verborgen, das viel großartiger ist als eine Massage oder irgendetwas anderes, das Sie sich erhoffen: Darin liegt nämlich Freiheit!

Freiheit wovon? Ihre Seele wird durch das Wissen motiviert, dass es ihr freisteht, alles zu erfahren, was sie möchte. Wenn Sie Gefangenschaft erfahren möchten, steht es Ihnen frei. Doch wenn Sie sich selbst als heilig erfahren möchten, müssen Sie einen anderen Weg einschlagen. Da Geben und Empfangen letztlich das Gleiche sind, ist der einzige Weg, sich selbst als heilig zu erfahren, andere als heilig zu betrachten. Anders gesagt: *Möchten Sie die Gaben Gottes empfangen, müssen Sie sie geben.*

Moment mal, denken Sie jetzt vielleicht. Ging es in diesem ganzen Abschnitt nicht um das Geben ohne Erwartungen? Wie kann ich frei von Erwartungen sein, wenn ich andere nur deshalb als heilig betrachte, um mich selbst als heilig zu erfahren?

Ich nenne das den göttlichen Egoismus. Tatsache ist, dass es für uns fast unmöglich ist, ohne egoistische Motivationen zu leben. Es geht also nicht darum, sie zu zerstören, sondern sie auf neue Art zu nutzen, sodass sie den Zielen unserer Seele dienen. Jeder von uns sehnt sich nach solchen Dingen wie Frieden, Freude, Zufriedenheit und Erfolg, um nur ein paar zu nennen. Und wenn es stimmt, dass Geben und Empfangen das Gleiche sind, dann ist es nur sinnvoll, das zu geben, was wir am meisten ersehnen.

Wenn es Ihr höchstes Ziel ist, glücklich zu sein, sorgen Sie dafür, dass andere glücklich sind. Je mehr Glück Sie verbreiten, desto mehr Glück werden auch Sie selbst erfahren. So setzen wir das Ego auf neue Weise ein und ehren damit jeden Teil von uns: sowohl die Seele, die geben will, als auch das Ego, das empfangen will.

Kehren wir zu der Rückenmassage zurück. In entsprechenden Situationen können Sie sich fragen: Geht es mir wirklich darum, eine Rückenmassage zu bekommen, oder geht es mir um mehr? Vielleicht haben Sie eher das Bedürfnis, sich geliebt und umsorgt zu fühlen, aber womöglich schenkt Ihnen dieses Gefühl gar nicht unbedingt jene Person, der Sie die Massage angeboten haben. Möglicherweise hat das Universum andere Pläne für Sie, die Sie in diesem Augenblick, da Sie etwas anbieten, noch gar nicht überschauen können. Vielleicht kommt die Liebe und Zärtlichkeit aus einer Richtung zu Ihnen zurück, aus der Sie sie gar nicht erwartet haben.

6

Der heilige Name Gottes

Als Moses Gott erklärte, dass er es niemals schaffen könne, für die Hebräer die Freiheit zu erringen, gab ihm Gott nur eine einfache Antwort:

> »Ich bin Abraham, Isaak und Jakob als El-Schaddai (Gott, der Allmächtige) erschienen, aber unter meinem Namen Jahwe habe ich mich ihnen nicht zu erkennen gegeben.«
>
> (Exodus 6,3)

Abraham kannte das Göttliche nur unter einem Titel: Gott, der Allmächtige. Jetzt hat sich Gott zum ersten Mal mit einem Namen offenbart: ICH BIN DER ICH BIN. Dadurch entsteht eine Nähe, die es bis dahin nicht gegeben hat. Da stellt sich die Frage: War diese Nähe nur für Moses und die Hebräer gedacht, oder ist es eine Gabe an uns alle? Die Vorstellung, dass Gott eine bestimmte Person oder Gruppe dem Rest der Menschheit vorzieht, ist sehr menschlich gedacht. Das mögen *wir* tun; aber Gott tut das nicht.

Gottes Liebe ist bedingungslos, und der Name Gottes, der auf Nähe und Einheit hinweist, ist eine Gabe für jeden Menschen. Was können wir also damit anfangen? Wenden wir uns erschrocken ab, weil wir uns dieses Geschenks nicht wert fühlen? Setzen wir die Gabe ein- oder zweimal ein, bezeugen die Macht des heiligen Namens und stecken sie dann in ein hübsches Tabernakel, um sie nie wieder anzusehen? Oder verändern wir damit unser Leben und die Welt?

Das Gebot

Ich hatte im Lauf der Jahre die Gelegenheit, Gruppen nach Israel zu begleiten – in das Land, das Moses und den Hebräern verheißen worden war. Auf einer der letzten Reisen verbrachten wir einige Zeit in dem Städtchen Safed, dem wichtigsten Zentrum für das Studium der Kabbala, des mystischen Wegs des Judentums. In einem kleinem Geschenkladen sah ich hinter der Theke eine Skulptur, auf der in hebräischen Buchstaben der Name Gottes geschrieben stand. Ich bat die junge Verkäuferin, ob sie ihn für mich auf Hebräisch aussprechen könne.

»Das wäre gegen eines der Gebote Gottes«, erwiderte sie trocken, als wüsste das jedes Kind. »Gott hat gesagt, wir sollen seinen Namen niemals missbrauchen; deswegen darf er nicht ausgesprochen werden.«

Ich erklärte, ich sei mit demselben Gebot aufgewachsen, nur mit einem anderen Verständnis davon. Die Christen lehren, dass das Gebot, den Namen Gottes nicht zu missbrauchen, dazu dient, das Fluchen und Verdammen zu ächten. Sie nahm es jedoch sehr viel wörtlicher.

»Nein, so ist das nicht gemeint«, erklärte sie. »Wir lernen das klar und deutlich. Es steht schwarz auf weiß geschrieben. Den Namen Gottes nicht zu missbrauchen bedeutet, ihn nicht auszusprechen. Wer dies tut, dem geschehen furchtbare Dinge.«

Ich fragte sie, wo sie das gelernt habe und ob das eine allgemeine jüdische Überzeugung sei.

»Das hat nichts mit allgemeiner Überzeugung zu tun«, beharrte sie. »Es ist die Wahrheit. Man kann daran nicht heruminterpretieren. Wenn Sie den Namen Gottes aussprechen, wird sich Gott irgendwann daran erinnern und Sie bestrafen. Es gibt jedoch eine Möglichkeit, das zu vermeiden.«

Das interessierte mich natürlich.

»Wir verändern manchmal einen der Buchstaben. So können wir den Namen laut sagen, ohne ihn wirklich auszusprechen. Wenn ich Ihren Namen James sagen wollte, und Sie bäten mich, es zu unterlassen, könnte ich stattdessen Yames sagen. Dann hätte ich nichts falsch gemacht.«

Mir wurde klar, was geschehen war, als die Hebräer Ägypten verlassen hatten und nach dem Land suchten, das Gott ihnen verheißen hatte. Sie verfügten zwar über die Macht des heiligen Namens, aber sie entschieden sich, ihn nicht anzuwenden. Entsprach das der Absicht Gottes oder geschah es aus Angst?

Nirgendwo in der Thora wird den Juden ausdrücklich verboten, den Namen Gottes auszusprechen. Aus vielen alten Quellen wissen wir, dass der Name Gottes regelmäßig laut ausgesprochen wurde, besonders beim Tempelgebet. Die Mischna, eine frühe schriftliche Zusammenstellung von ursprünglich mündlichen jüdischen Überlieferungen, aus denen die Thora hervorging, empfiehlt, den Namen Gottes als den üblichen Gruß zu verwenden [Berakhot (Segenssprüche) 9]. Doch zur Zeit des Talmuds war es bereits üblich, statt des Namens Gottes einen Ersatz zu verwenden. Manche Rabbiner lehrten sogar, dass ein Mensch, der den tatsächlichen Namen Gottes ausspricht, zum Tode verurteilt werden sollte – was beinahe mit Jesus geschehen wäre. Die Ereignisse hatten eine andere Wendung genommen.

Der Name Gottes, den wir für den Moses-Code verwenden, ist im Übrigen keine korrekte Übersetzung des ursprünglichen hebräischen Wortlauts. Seit langer Zeit hat man uns die verbreitete Übersetzung jener Worte gelehrt: ICH BIN DAS ICH BIN. Viele esoterische Schulen haben sich diese Übersetzung zur Grundlage gemacht und ihre Lehren darauf aufgebaut.

Die ursprünglichen hebräischen Worte, die Gott zu Moses gesprochen hat, lauten, wie bereits weiter vorne erwähnt: »AHYH ASR AHYH.« Richtiger übersetzt heißt das: »Ich werde sein, der ich sein werde«.[5] Gott sprach zu Moses in der zukünftigen Form, nicht im Präsens. Welchen Einfluss kann es nun auf die Anwendung des heiligen Namens haben, ob man sich auf die herkömmliche oder auf die neue Übersetzung bezieht?

Gott existiert immer und überall. Wenn das wahr ist, dann ist Gott in der Vergangenheit, der Gegenwart und der Zukunft lebendig. Darüber sind sich die meisten Menschen, die irgend-

---

[5] Im Deutschen gibt es für diesen Satz in den diversen Bibelausgaben verschiedene Übersetzungen: »Ich werde sein, der ich sein werde« (Luther 1984). »Ich bin, der ich bin« (Rev. Elberfelder). »Ich bin der ›Ich-bin-da‹« (Einheitsübersetzung). (Anm. d. Übers.)

wie an Gott glauben, einig. Und wenn man sich auf eine Person in der Vergangenheit bezieht, meint man dieselbe Person, wie wenn man sich in der Gegenwart auf sie bezieht. Egal ob ich sage: »Hans war hier«, oder: »Hans ist hier«, ich meine immer dieselbe Person.

Es macht keinen Unterschied, ob ich mich mit »ICH WERDE SEIN, DER ICH SEIN WERDE« auf die höchste Wirklichkeit beziehe, die wir manchmal Gott nennen, oder ob ich sage: »ICH BIN DAS ICH BIN.« Wie mein Freund, der Klangheiler Jonathan Goldman, sagt: »Klang und Absicht erzeugen Heilung.« Ohne Absicht bedeuten die Worte kaum etwas. Erst durch unsere Absicht holen wir den Geist Gottes in den Prozess, und erst dann kann das Mysterium stattfinden.

Der Versuch, der Strafe Gottes zu entgehen, indem man einen Buchstaben austauscht, hat von daher keine Wirkung. Ein anderer Klang des Namens ändert nichts an der Absicht – und es ist vor allem die Absicht, welche die Verbindung zum Göttlichen herstellt.

Warum ist der heilige Name dann überhaupt so wichtig?

Den Namen einer Person zu kennen stärkt die Verbindung zu dieser Person. Sie können mich James oder Jimmy nennen – ich reagiere auf beides. Doch jeder dieser Namen hat eine andere Energie und lässt mich vielleicht anders reagieren. In formalen Zusammenhängen, bei Vorträgen, geschäftlichen Begegnungen oder Konzerten nenne ich mich James. Meine Freunde nennen mich allerdings Jimmy – es ist privater und spielerischer. Doch beide Namen liegen mir; ich fühle mich mit der Person verbunden, die mich damit anspricht. Vielleicht ist es mit Gott ja so ähnlich.

Gott offenbarte Moses den heiligen Namen, um die Befreiung der Hebräer aus der Sklaverei zu bewirken. Damit wurde zwischen Gott und der Menschheit eine Nähe erzeugt, die es noch nie zuvor gegeben hatte. Stellen Sie sich vor, Sie begegnen jemandem und möchten sich mit ihm anfreunden. Sie nennen der Person Ihren Namen und vertrauen darauf, dass sie ihn verwenden wird, um Sie anzusprechen. Wie würden Sie sich fühlen, wenn der andere zu dem Schluss käme, Ihre Liebe sei zu wundervoll und er sei ihrer einfach nicht wert? Die Intention besteht dann nicht darin, zu verbinden, sondern zu trennen. Und genau dies resultiert daraus: Sie sondern sich ab und bleiben getrennt.

Wenn wir den Namen Gottes anrufen – sei es in der Vergangenheits-, Gegenwarts- oder Zukunftsform – und ihn mit der Absicht der Verbundenheit aussprechen, dann entsteht ein Einklang, der uns Wunder wirken lässt. Das ist die Essenz des Moses-Codes.

Für das Ergebnis spielt es also keine Rolle, ob Sie »ICH BIN DAS ICH BIN« oder »ICH WERDE SEIN, DER ICH SEIN WERDE« sagen. Wesentlich ist dies: Indem Sie den heiligen Namen mit der Absicht aussprechen, sich mit dem Göttlichen zu verbinden, bewirken Sie eine Nähe und Vereinigung mit der wesentlichen Funktion Gottes. Und was ist seine wesentliche Funktion?

Zu erschaffen!

Das Ziel dieses Buches besteht darin, Sie ein für alle Mal erkennen zu lassen, dass Gottes Wirken und Ihr eigenes Wirken ein und dasselbe sind. Sie sind hier, um eine schöpferische Kraft des Friedens und der Harmonie zu sein. Genauso wie Sie auf die Variationen Ihres eigenen Namens reagieren, darauf antworten und auf die dahinterstehende Absicht achten, so antwortet Ihnen Gott, wenn Ihr Herz offen ist und Ihre Absicht klar.

5. Übung: Die zweite Form

Bislang haben Sie den Moses-Code verwendet, um all die Dinge in Ihr Leben zu holen, die Sie sich von Herzen wünschen. Es ist jedoch sinnvoll, sich daran zu erinnern, dass wir etwas nur wirklich haben können, wenn wir bereit sind, es mit anderen zu teilen. Wir müssen die Gaben Gottes also auch anderen zukommen lassen.

Um das energetisch zu lernen, kehren wir die Bewegung des Spruches um. Statt beim Ausatmen zu sagen: »ICH BIN DAS«, sagen Sie diese Worte jetzt beim Einatmen. *Spüren* Sie dabei deutlich die Energie dessen, was Sie integrieren wollen. Angenommen, Ihr Ziel heißt, Mitgefühl zu verbreiten, dann sollten Sie deutlich spüren, wie es sich anfühlt, wenn Sie mitfühlend sind. Denken Sie: *ICH BIN dieses Mitgefühl,* und spüren Sie die Emotion in Ihrem ganzen Körper.

Dann atmen Sie aus und sagen: »ICH BIN.« Spüren Sie dabei, wie die Qualität, um die es Ihnen geht, aus Ihnen herausstrahlt und jeden Menschen und jedes Lebewesen berührt. Erinnern Sie sich daran, dass wir den Moses-Code vor allem verwenden, um wie Gott über diese Erde zu wandeln – das heißt, zu geben, wie Gott gibt. Wie ich schon oft gesagt habe: Gott gibt bedingungslos, immer und überall. Wenn es Gottes Funktion ist, zu geben, dann ist es auch die unsere. Mit dieser Übung können Sie die Erfahrung machen, wie es sich anfühlt, Licht und Freude in der Welt zu verbreiten.

Abschließende Gedanken zu Teil I

Es ist Gottes Wille, dass Sie in vollkommener Freude leben. Denken Sie einen Augenblick lang darüber nach. Vollkommene Freude bedeutet allumfassende Freude. Dazu gehört alles, was Sie sich wünschen, aber auch etwas Höheres: ein Ausmaß an Freude, das diese Welt transzendiert. Das bedeutet: Gott will, dass Sie Fülle und Erfolg und wundervolle Beziehungen erleben. Das heißt auch, dass es Wirklichkeiten jenseits der physischen Welt gibt, auf die Sie ebenso Anspruch haben. Jesus hat gesagt:

>*»Euch aber muss es zuerst um sein Reich und um seine Gerechtigkeit gehen; dann wird euch alles andere dazugegeben.«*
>(MATTHÄUS 6,33)

Er hat uns nicht geraten, nach weltlichem Reichtum zu streben, um glücklich zu werden. Vielmehr sollen wir nach den Reichtümern des Himmels streben, die alle Zeiten unbeschadet überstehen. Materieller Wohlstand kann niemals die Leere füllen, die wir in uns spüren. Wenn es Gottes Willen entspricht, dass wir vollkommen glücklich sind, dann muss es noch mehr geben – es muss etwas Umfassenderes und Tieferes jenseits dieser physischen Welt geben, wo wir das finden, was wir wirklich brauchen.

Dorthin wollen wir nun »reisen«. Sie haben gelernt, mit der Macht des heiligen Namens alles in Ihr Leben zu holen, was Sie sich in der Welt wünschen. Jetzt wollen wir uns auf die Gaben konzentrieren, die nicht an die Beschränkungen dieser Welt gebunden sind. Das war von Anfang an Gottes Absicht. Irdische Reichtümer sind nichts anderes als eine Einführung in die eigentlichen Gaben, die uns erwarten. Das Gute ist, dass Sie nicht sterben müssen, um sie zu empfangen. Viele Menschen glauben, dass es vollkommene Freude nur im Himmel gebe und dass man nur in den Himmel komme, wenn man gestorben ist. Aber hat Jesus nicht gesagt: »Das Reich Gottes ist mitten unter euch«? (Lukas 17,21)

Das Reich Gottes ist schon mitten unter uns und mitten in uns. Es wartet darauf, zum Ausdruck zu kommen, wo immer wir sind. Jeder Atemzug, jeder Schritt ist eine Gelegenheit, den Himmel und alle Gaben Gottes an all die Menschen um Sie herum weiterzugeben. So macht es Gott – und ihn nachzuahmen ist unsere Rettung und unser Heil.

TEIL 2

Die Reise beginnt

Eine Warnung des Autors

Ich hoffe, Sie geben bei der Lektüre des Folgenden genau acht und es ist Ihnen klar, dass ich es ganz ernst meine. Wenn Sie die Lehren auch nach dieser Warnung noch weiter erkunden, tun Sie es auf eigene Gefahr. Vielleicht entscheiden Sie sich, das Buch an dieser Stelle beiseitezulegen und einfach all das anzuwenden, was Sie bis jetzt gelernt haben. Ich versichere Ihnen, Sie werden ein wundervolles Leben damit haben. Sie haben bereits genug erfahren, um alles umkehren und verwandeln zu können. Nichts wird mehr sein wie zuvor. Mithilfe des Moses-Codes können Sie grenzenlose Reichtümer ansammeln, in einer Fülle leben, die Sie sich nie hätten träumen lassen, und kreieren, was immer Sie sonst begehren. Wenn Sie hier zu lesen aufhören und nur das anwenden, was ich Ihnen bisher erklärt habe, werden Sie der Welt ein leuchtendes Vorbild sein und allen Menschen zeigen, was im Leben möglich ist. Sie sind schon weit gekommen. Niemand könnte es Ihnen zum Vorwurf machen, wenn Sie Ihre Reise hier enden ließen.

Doch der Weg führt noch darüber hinaus. Es gibt weitere Informationen und Erfahrungen, die sich Ihr Verstand niemals hätte vorstellen können. Wenn Sie sich entscheiden, diesen Weg noch ein wenig weiter zu verfolgen, garantiere ich Ihnen, dass sich alles verändern wird. *Alles!* Was Sie bisher erfahren haben, ist letztlich nur ein Bruchteil dessen, was möglich ist – wenn Sie dazu bereit sind. Ich kann nur sagen, dass Sie für den Rest dieser Reise viel Hingabe und Ernsthaftigkeit brauchen. Sie ist nicht für Wankelmütige gedacht, sondern für jene, die bereit sind, alles zu riskieren, um alles zu *sein*.

Sind Sie noch da?

Es ist, als wären wir gemeinsam durch einen Zauberwald gegangen und kämen plötzlich an eine Weggabelung. Der eine Pfad führt in die Richtung, die am Anfang dieses Buches erklärt wurde: zu der Möglichkeit, alles in Ihr Leben zu holen, was Sie sich wünschen. Und ich meine das wortwörtlich. Sobald Sie den Code verstanden haben und ihn anwenden, ermöglicht er es Ihnen, in Ihrem Leben Wunder zu vollbringen – ohne Einschränkung. Wenn es das ist, was Sie wollen, dann können Sie es auch erreichen.

Nehmen wir an, dieser Weg führt nach links. Falls Sie sich nicht ganz sicher sind, wo Sie weitergehen sollen, rate ich Ihnen zu diesem Weg. Legen Sie das Buch weg und fangen Sie an, die Übungen zu machen. Lassen Sie sich ganz darauf ein, die Macht des göttlichen Namens zu verwenden, um alles anzuziehen, was Sie sich erträumen. Mehr Rat brauchen Sie nicht, denn alles existiert bereits in Ihnen.

Doch vor uns liegt noch ein anderer Weg, der in eine neue Richtung führt. Er ist viel schmaler als jener, den wir bislang gegangen sind, und das Blätterdach schließt sich so dicht über ihm, dass er düster und ein wenig gefährlich wirkt. Ich versichere Ihnen, das ist keine Illusion. Er ist wirklich gefährlicher. Wenn Sie ihn wählen, ist das Leben, das Sie bislang gelebt haben, in großer Gefahr. Ich meine damit nicht, dass Sie auf diesem Weg körperlich verletzt oder verwundet werden könnten. Ich stelle das Ganze vielleicht etwas dramatisch dar, aber ich übertreibe nicht. Sie könnten etwas viel Wertvolleres als Ihr physisches Leben verlieren – und das sollten Sie sich genau überlegen.

Und noch etwas sollten Sie wissen: Das Leben, das Sie jetzt führen, werden Sie so oder so verlieren, egal welchen Weg Sie wählen. Der Weg, der zur Linken weitergeht, verläuft im Kreis und führt zurück zum Ausgangspunkt. Ich biete Ihnen hier nur einen schnelleren und direkteren Weg an, der es Ihnen ermöglicht, viel Kummer und Herzeleid zu vermeiden.

Ja, ich meine es genau so, wie ich es eben beschrieben habe. Der Weg zur Linken, der zunächst sicherer erscheinen mag, wird Sie nie wirklich befriedigen. Es stimmt schon: Er ermöglicht es Ihnen, unglaubliche Reichtümer zu erlangen und in vollkommener Fülle zu leben, doch am Ende werden Sie feststellen, dass es Ihnen im Grunde nicht um diese Dinge ging. Eigentlich suchen Sie nach dem, was Ihnen der rechte Weg zu bieten hat.

Jeder Weg birgt also seine eigenen Gefahren. Der linke Weg mag zunächst sicherer sein, doch auf ihm vermeiden Sie die Lektionen, um derentwillen Sie geboren wurden. Der rechte Weg erfordert allerdings eine Tiefe der Hingabe und inneren Verpflichtung, die Sie noch nie erfahren haben.

Welchen Weg wählen Sie?

Wenn Sie jetzt weiterlesen, nehme ich an, dass Sie sich entschieden haben, unsere Reise zum Erwachen fortzusetzen. Von diesem Augenblick an gehen Sie in eine Welt ein, die Ihr Verstand nicht begreifen kann. Aber Ihr Herz kennt sie bereits. Sie haben erkannt, dass dies der einzige Weg ist, der Sie zufriedenstellen wird. Sie werden merken, dass Sie für diesen Schritt bereit sind, und der Moses-Code wird Ihnen alles geben, wonach sich Ihr Herz wirklich sehnt.

Von nun an gehen Sie auf die Ewigkeit zu ...

7

ZWEI WEGE

Gott liebt eine klare Entscheidung. Sie zeigt, dass Sie alle Möglichkeiten bedacht, Kosten und Nutzen abgewogen und sich eindeutig für den Schritt nach vorne entschieden haben. Jetzt, da Sie sich auf die tieferen Ebenen des Moses-Codes einlassen wollen, werden die Engel zu Ihrer Unterstützung herbeieilen. Lassen Sie uns fortschreiten auf diesem Pfad hinein in Welten, von denen Sie bislang nur geträumt haben.

Fangen Sie damit an, dass Sie sich vorstellen, Sie stehen an der Weggabelung. Setzen Sie einen Fuß vor den anderen und machen Sie sich auf, dem Weg zur Rechten zu folgen. Der Weg wird zum Pfad; man erkennt kaum, wohin er führt. Doch im Herzen fühlen Sie Begeisterung, denn Sie wissen, dass Ihre Entscheidung Sie zu einem tieferen Verständnis des Moses-Codes führen wird, zur Erfüllung der Wünsche Ihrer Seele und nicht Ihres Egos.

Endlich haben wir den Unterschied zwischen den beiden Wegen benannt. Der Weg, den wir bislang gegangen sind und der zur Linken weiterführt, erfüllt die Wünsche des Egos (jenes Teils von Ihnen, der sich von Gott und allem anderen getrennt glaubt), während der Pfad zur Rechten darauf zielt, das Sehnen Ihrer Seele zu stillen.

Worin besteht der Unterschied? Fangen wir mit dem Ego an. Hier sind ein paar Eigenschaften dieses flüchtigen Bewusstseinszustandes:

- Das Ego nimmt die Welt so wahr, dass alles von allem getrennt ist. Anders gesagt: Sie sind von der Person neben Ihnen getrennt, genauso wie von dem Haus, in dem Sie leben, der Welt, die Ihr Dasein unterstützt, und dem Universum, das alles Leben enthält. Natürlich und insbesondere sind Sie auch getrennt von Gott.
- Weil Sie isoliert und allein sind, müssen Sie Ihr Leben gegen alles verteidigen, was Sie möglicherweise angreifen könnte. Tun Sie das nicht, dann wird irgendwann jemand oder etwas kommen, Sie überwältigen und für sich beanspruchen. Das nennt das Ego dann Tod.
- Da der Tod das Einzige ist, dessen sich das Ego vollkommen sicher ist, lebt es in Angst. Es fürchtet sich vor beinahe allem, denn es kann nie wissen, welcher Teil des »von ihm getrennten« Universums sich seiner bemächtigen will.
- Eine Möglichkeit, den Tod zumindest für eine Weile in Bann zu schlagen, besteht darin, möglichst viele Dinge anzusammeln. Alles ist gut, was irgendwie wertvoll ist, doch am liebsten ist dem Ego alles, was groß ist. Je größer das Haus, desto besser fühlt sich das Ego – zumindest so lange, bis es erkennt, dass sich sein Leben durch nichts endgültig sichern lässt. Es sucht und hofft, die nächsten

großen Dinge zu finden, die es am Leben erhalten könnten. Doch letztendlich versagt alles seinen Dienst – das Ego stirbt genauso wie alles, was es erschaffen hat und wahrnimmt.

Jetzt wollen wir anschauen, wodurch sich die Seele auszeichnet:

- Die Seele strebt nie danach, etwas zu haben, weil sie weiß, dass sie bereits über alles verfügt, was von Wert ist. Was wenig Wert hat, wird gering geschätzt. Warum? Weil die Seele weiß, dass alles leicht und natürlich fließt, wenn es im Einklang mit der göttlichen Quelle ist. Fülle, wundervolle Beziehungen und Sicherheit sind keine Ziele, werden aber mühelos erreicht.
- Das Ego strebt danach, zu *haben,* weil es meint, dann über alles zu verfügen, was es braucht. Die Seele aber strebt danach, zu *geben,* weil sie weiß, dass alle ihre Bedürfnisse bereits erfüllt sind.
- Die Seele versteht, dass der Tod nicht wirklich ist, weil alles Wirkliche keinen Schaden nehmen kann. Die Angst wird überwunden, weil die Seele sich selbst als unverletzlich erfährt und vor jeder scheinbaren Bedrohung und vor jedem Irrtum gefeit ist.

Es bedarf wohl keiner weiteren Betonung, dass das Ego mit all seinen Verteidigungsmechanismen und Wünschen nicht wirklich ist oder höchstens einen Schatten der Wirklichkeit darstellt. Und doch haben wir unsere gesamte Existenz auf dieser Illusion aufgebaut, all unser Vertrauen in seine Annahmen gesetzt und ihm seine eigene Welt erschaffen, in der es herrschen und siegen kann.

Stellen Sie sich vor, Sie stehen in einem Raum, in dem es eine einzige helle Lampe gibt. Das Licht fällt auf Ihren Körper. Auf dem Boden entsteht ein Schatten, der ungefähr die gleiche Kontur hat wie Sie. Wenn Sie sich in diesem Raum sehr lange aufhielten oder wenn Sie durch irgendetwas Ihr Gedächtnis verlören, könnten Sie die Existenz des Körpers und des Lichts vergessen und nur noch den Schatten wahrnehmen. Sie sähen dann in dem Schatten ein Leben, das nicht existiert. Vielleicht sähen Sie darin Monster und Dämonen, die Sie bedrohen. Sobald Sie sich bewegen, bewegen sich auch die finsteren Gestalten, doch Sie bemerken die Beziehung nicht, weil Sie vergessen haben, dass der Schatten an Ihren Körper gebunden ist. Sie fangen an, sich vor dem Körper zu fürchten, der den Schatten verursacht, und noch mehr vor dem Licht, das beide zu erzeugen scheint.

Aber existiert all das wirklich? Wäre es nicht zutreffender, es als eine Projektion der Wirklichkeit zu bezeichnen? Und welche Rolle spielt der Körper bei unserer Analogie?

Der Körper, der den Schatten wirft, ist Ihre Seele. Sie ist greifbarer und wirklicher als all die Projektionen Ihres Egos. Und das führt uns an den Punkt, von dem es keine Umkehr gibt. Was ich jetzt sage, mag schwerer zu verdauen sein als alles andere, was Sie bisher gelesen haben, doch es ist der letzte Punkt, den Sie begreifen müssen, um den Moses-Code wirklich zu verstehen und anwenden zu können. Dies ist unser Ziel; dorthin führt der Weg. Wenn Sie diese eine Tatsache akzeptieren, wird die ganze Wirklichkeit um Sie herum zum Vorschein kommen.

Der Körper, der den Schatten wirft – wir haben ihn jetzt Seele genannt –, ist auch nicht realer als der Schatten selbst.

Ihr Ziel besteht darin, diese Wirklichkeit zu berühren, aufzunehmen, endlich ganz zu verinnerlichen – und sie dann in jeden Aspekt ihres Lebens zu projizieren. Doch um das zu erreichen, müssen Sie Schritt für Schritt vorgehen. Man kann diese Transformation nicht überstürzen. Sie findet in drei Stufen statt; im Augenblick nenne ich sie:

1. Schatten (das Ego)
2. Körper (die Seele)
3. Licht (Gott)

Im weiteren Verlauf dieses Buches werden wir diese Stufen noch einmal anders benennen, wenn wir zu der biblischen Geschichte zurückkehren, in der Moses mit Gott spricht. Dieses Gespräch ist ein Dialog, den Sie jetzt gerade ebenfalls führen, genauso wie in jedem Augenblick Ihres Lebens. Gott bietet Ihnen eine vollständige Antwort, auch wenn Sie bis jetzt nicht in der Lage waren, die umfassende Bedeutung des Gelesenen zu ermessen. Es ist leichter, nur einen kleinen Teil der Botschaft aufzunehmen – nämlich das, was den Entscheidungen entspricht, die Sie in Bezug auf sich selbst, Ihr Leben und Ihre Wünsche bereits getroffen haben. Doch es kommt der Zeitpunkt, an dem Sie das alles beiseitelegen können, denn von nun an geht es in unerforschtes Gelände – jedenfalls aus der Perspektive des Egos. Dieses Gelände mag anders aussehen, als Sie es sich vorgestellt haben, aber es führt Sie zu der Heimat, die Sie niemals verlassen haben – außer in Ihrer Vorstellung. Doch Ihr Verstand kann nichts konkret werden lassen, das keine echte Substanz hat. Er kann es nur wirklich *scheinen* lassen, doch das Scheinbare kann das Wirkliche niemals ersetzen. Also machen wir uns auf in die *wirkliche* Welt ...

6. Übung: Was Ihre Seele wirklich will

Beginnen Sie damit, eine Liste aller Dinge aufzustellen, nach denen sich Ihre Seele sehnt. Dazu könnten Dinge gehören wie Frieden, Liebe, Freude oder Mitgefühl. Ihr Ziel ist es, zu dem vorzudringen, was sich dahinter verbirgt, um es in die Welt zu bringen – und dabei zu erkennen, dass alles bereits in Ihnen ist, ja dass Ihnen bereits alles zu eigen ist.

Verwenden Sie den Moses-Code, um bei jeder Qualität, die Sie aufgelistet haben, das entsprechende Gefühl hervorzurufen. Wollen Sie sich zum Beispiel die Erfahrung der Liebe vergegenwärtigen, singen Sie beim Einatmen: »ICH BIN DAS«, oder: »ICH BIN LIEBE.« Spüren Sie, wie diese Liebe Ihr ganzes Wesen erfüllt. Beim Ausatmen singen sie laut: »ICH BIN«, und spüren, wie Gott – gemeinsam mit Ihnen – diese Liebe in die Welt strömen lässt. Fahren Sie damit so lange fort, bis Sie wahrnehmen, wie die Liebe in Ihnen und Ihrem Leben ganz lebendig und gegenwärtig ist. Dann gehen Sie zum nächsten Thema auf Ihrer Liste über.

Dieser Prozess ist ein kraftvolles Mittel, um die Qualitäten zu erwecken, nach denen sich Ihre Seele sehnt, die jedoch immer in Ihnen verborgen waren. Ich empfehle Ihnen, nach der Übung noch eine Weile in Stille sitzen zu bleiben und der Energie nachzuspüren. Merken Sie einen Unterschied? Fühlen Sie sich auf eine Weise erfüllt, die weit über das Begriffsvermögen Ihres Egos hinausgeht? Wenn ja, sind Sie auf dem richtigen Weg.

8

SPIRITUALITÄT UND RELIGION

1995 kam ein Buch auf den Markt, das weltweit viele Menschen aufgerüttelt hat: *Gespräche mit Gott* von Neale Donald Walsch. Mehr als zwei Jahre lang stand es ganz oben auf der Bestsellerliste der *New York Times*. Viele Menschen hatten bis dahin nie darüber nachgedacht, dass Gott vielleicht nie aufgehört hat, zur Menschheit zu sprechen, und dass jeder dem Göttlichen jederzeit auf sehr persönliche Weise begegnen kann. Man hatte weithin angenommen, Gott spreche nur mit den großen Propheten und Weisheitslehrern, von denen wir in der Bibel und in anderen heiligen Texten lesen, aber es schien unvorstellbar, dass Gott mit ganz gewöhnlichen Menschen sprechen sollte.

Wir entdecken jedoch immer mehr, dass nichts unmöglich ist, besonders wenn es um dieses Thema geht. Die Geschichte, die zu Neales Begegnung mit dem Göttlichen führte, ist wahrscheinlich nicht wesentlich anders als die Geschichte von vielen von uns. Es geschah zu einer Zeit, in der Neale alles verloren zu haben schien, was ihm in seinem Leben lieb und teuer war. Er war auf der untersten Stufe der Leiter gelandet. Da hörte er in sich eine Stimme: Er kannte sie, aber er konnte es kaum glauben – es war die Stimme Gottes. Es entstand ein Gespräch, das unser ganzes Bild unserer selbst, unserer Welt und unserer Beziehung zu unserem Schöpfer veränderte.

Wie oft haben Sie sich schon verwirrt und verloren gefühlt und dann eine leise Stimme in sich vernommen, die Ihnen versicherte, dass alles in Ordnung kommen werde? Gewöhnlich gehen wir davon aus, dass es sich dabei um ein Selbstgespräch handelt, vielleicht mit einem höheren Anteil unseres Selbst, der sich unserem bewussten Zugriff entzieht. Würden wir uns bloß daran erinnern, dass das genau richtig ist und dass es keinen Abstand zwischen unserem höheren Selbst und Gott gibt, dann würden wir vielleicht endlich merken, dass wir in jedem Augenblick unseres Lebens mit dem Göttlichen sprechen. Es ist, als hätten wir eine Standleitung zu Gott, wobei Gott nur darauf wartet, in den Prozess einbezogen zu werden. Stattdessen fahren wir auf unserem Weg fort und glauben, wir seien allein und in der Lage, die endlosen Details unseres Lebens ohne den Einfluss unseres göttlichen Wohltäters in den Griff zu bekommen.

Doch was geschieht, wenn wir uns an diese Verbindung erinnern und bei allem, was wir denken, sagen oder tun, mit ihrer Weisheit verbunden sind?

Gott ist in jeder Einzelheit Ihres Lebens enthalten. Er führt Sie in die unendliche Wirklichkeit, in der Sie erschaffen wurden und in der Sie immer bleiben.

Halten wir hier einen Augenblick inne, denn diese beiden Sätze sind möglicherweise die wichtigsten Aussagen dieses Buches; deshalb wollen wir ein wenig bei ihnen verweilen.

»Gott ist in jeder Einzelheit Ihres Lebens enthalten.«

Die meisten Menschen, die eine gewisse Vorstellung von Gott haben, finden diese Aussage unproblematisch. Schließlich geht es in einem religiösen Leben genau darum, in jedem Augenblick den Daumenabdruck Gottes zu erkennen und zu wissen, dass Gott über allem steht und über uns wacht. Bitte beachten Sie, dass ich den Begriff »religiös« gewählt habe und nicht »spirituell«. Ich hätte natürlich auch schreiben können: »Schließlich geht es in einem spirituellen Leben genau darum ...«, aber das hätte nicht zum Ausdruck gebracht, worauf ich hinauswill.

Was ist der Unterschied zwischen einem religiösen und einem spirituellen Menschen? Ich will mit der Aussage eines alten Freundes beginnen, die viele Jahre zurückliegt: »Der Unterschied ist, dass ein religiöser Mensch an die Hölle glaubt, während ein spiritueller Mensch die Hölle kennengelernt hat.« Das ist flott dahergesagt, doch in mancher Hinsicht trifft es zu. Welche Unterschiede könnte es noch geben?

- Religiöse Menschen glauben oft, dass Gott irgendwo »da draußen« ist, gewöhnlich im Himmel, während spirituelle Menschen wissen, dass es zwischen ihnen und ihrer göttlichen Quelle keine Trennung gibt.
- Religiöse Menschen glauben oft, dass sie sterben müssen, bevor sie in den Himmel kommen können. Spirituelle Menschen vertrauen auf Jesu Aussage: »Das Reich Gottes ist mitten unter euch.« (Lukas 17,21)[6]
- Religiöse Menschen behaupten oft, dass Gott heilig sei

---

[6] Vergleiche damit die englische Bibelübersetzung: »The Kingdom of God is *within* you.« In den deutschen Bibelübersetzungen steht zwar »*mitten* unter euch«, aber es wird oft als »*in* euch« interpretiert. (Anm. d. Übers.)

und sie selbst nicht, während spirituelle Menschen wissen, dass alles, was von Gott erschaffen wurde, eins ist mit Gott. Wenn der Schöpfer heilig ist, müssen sie also auch heilig sein. Ganz im Sinne von 1. Korinther 3,16, wo es heißt: »Wisst ihr nicht, dass ihr Gottes Tempel seid und der Geist Gottes in euch wohnt?«

• Religiöse Menschen glauben oft, dass die Liebe Gottes bedingt sei und ihnen in jedem Augenblick entzogen werden könnte. Spirituelle Menschen wissen, dass die Liebe Gottes ewig ist und bedingungslos.

Ich möchte betonen, dass sämtliche Aussagen auf *manche* religiöse Menschen zutreffen, nicht auf alle. Ich weiß sehr wohl, dass es möglich ist, gleichzeitig religiös und spirituell zu sein. Ich möchte hier nur deutlich machen, dass spirituelle Menschen Gott auf eine Weise *erfahren,* die alles Denken und alle Logik übersteigt, und dass solche Erfahrungen des Göttlichen nicht auf bestimmte religiöse oder spirituelle Traditionen beschränkt sind. Je tiefer man sich auf eine spirituelle Erfahrung einlässt, desto universeller wird sie. Christliche Theologen mögen ihren Glauben deutlich gegen jenen der Moslems oder Juden abgrenzen: Ein christlicher Mystiker erfährt jedoch die Bedeutungslosigkeit all dieser Schismen und betrachtet ruhig, wie alle Flüsse in das gleiche Meer münden.

Der Blick von oben

Erinnern Sie sich an die Geschichte von den Astronauten, die als erste Menschen unseren Planeten aus dem All sahen? Ihr gesamtes Weltverständnis änderte sich durch diese Perspektive, aus der sämtliche Grenzen und Teilungen, die unser Leben bestimmen, keine Bedeutung mehr hatten. Grenzen zwischen verschiedenen Nationen erscheinen wenig sinnvoll, wenn man die Erde als Ganzes betrachtet. Ähnlich ist es mit der Mystik, die sich über die unterschiedlichen Überzeugungen einer Religion erhebt und erkennt, dass letztendlich alle Wege zu Gott führen.

Der zweite Satz, mit dem wir uns näher befassen wollen, lautet:

»Gott führt Sie in die unendliche Wirklichkeit, in der Sie erschaffen wurden und in der Sie immer bleiben.«

Das ist etwas ganz anderes, als vielen von uns in der Sonntagsschule oder im Religionsunterricht beigebracht wurde. Ich bin katholisch aufgewachsen. In meiner Kindheit und Jugend hat man mir nie bestätigt, dass ich so vollkommen geblieben bin, wie ich erschaffen wurde. Das Gegenteil war der Fall: Wir seien in Sünde geboren und müssten durch das wundersame Sakrament der Taufe davon erlöst werden. Wer stirbt, bevor er getauft wurde – so erzählte man –, komme direkt in die Hölle und leide dort in alle Ewigkeit, also ziemlich lange. Es tröstete mich auch nur wenig, zu hören, Gott habe für die kleinen, noch vor der Taufe verstorbenen Kinder einen besonderen Ort eingerichtet: Die Vorhölle, angeblich genau zwischen Himmel und Hölle gelegen, sei gerade für diese armen Kinder erschaffen worden. Sie gelangten zwar nie vor das Antlitz Gottes, aber zumindest hätten sie nicht ewige Höllenqualen zu erdulden – ein kleines Entgegenkommen eines gnädigen Gottes.

Dies führt uns zu dem wesentlichen Unterschied zwischen einem spirituellen und einem religiösen Menschen: Ein religiöser Mensch glaubt, dass wir in Sünde geboren werden und erlöst werden müssen. Ein spiritueller Mensch weiß, dass keine Erlösung nötig ist. Anders gesagt: *So wie Sie erschaffen wurden, sind Sie vollkommen, und Sie können tun, was Sie wollen – nichts kann etwas an der Liebe ändern, aus der Sie hervorgegangen sind.* Die meisten Christen glauben, dass Jesu Aufgabe darin bestanden habe, uns von unseren Sünden zu erlösen und uns wieder mit unserem göttlichen Erbe zu verbinden. Ein spiritueller Mensch hingegen erkennt, dass Jesus uns die wahre Bedeutung der Liebe gezeigt hat, die sogar den Tod überwindet und deren unendliches Potenzial nicht nur ihm, sondern auch uns gegeben ist.

Auf dieser Grundlage kann ein echtes Gespräch beginnen, ohne Ungleichheiten und Missverhältnisse, sondern in Einheit und Liebe. Und dabei kommt der Moses-Code ins Spiel. Als Gott durch den brennenden Dornbusch mit Moses sprach, stellte er eine Verbindung zwischen Himmel und Erde her, die es bis zu diesem Augenblick nicht gab. Gott offenbarte Moses den heiligen Namen.

Es ist nicht leicht, mit jemandem ein Gespräch zu führen, dessen Namen man nicht kennt. Wenn man jemanden nur mit seinem Titel ansprechen kann – in diesem Fall »Gott, der Allmächtige« oder »der Gott unserer Väter« –, dann stellt sich nur schwerlich Nähe ein. Und geht es nicht in einem tiefen Austausch letztlich um Nähe?

Moses hat der Menschheit einen Weg gezeigt, mit dem Göttlichen in einen vertraulichen Austausch zu gehen. Jahrhunderte später schrieb der hebräische König Salomo über Gott als einen Liebhaber. In seiner ekstatischen Beziehung zum Göttlichen nahm er Gott nicht als unerreichbar und unnahbar wahr, sondern wie eine Braut, die ihn trunken macht vor Liebe.

> *»Mit Küssen seines Mundes bedecke er mich.*
> *Süßer als Wein ist deine Liebe.«*
> (HOHESLIED SALOMOS 1,2)

In allen Traditionen haben Mystiker diese Gefühle erfahren, in denen sie das Göttliche weniger im Geist als vielmehr im Herzen erlebten. Im Christentum haben Heilige wie Teresa von Avila, Johannes vom Kreuz oder Franz von Assisi ihre Erfahrungen der Seligkeit in herrlichen Worten verkündet. Im Sufismus bleiben die Worte des Mystikers und Dichters Rumi unerreicht, der unter anderem schrieb:

> *Ich trank von seinem süßen Wein.*
> *Nun bin ich krank,*
> *es schmerzt die Brust,*
> *ich habe hohes Fieber.*
> *Der Arzt verschreibt mir diese Pillen;*
> *wohlan, es wird jetzt Zeit,*
> *sie einzunehmen.*
> *Der Arzt verordnet diesen Tee;*

wohlan, es wird jetzt Zeit,
den Tee zu trinken.
Der Arzt rät, diesen süßen Wein zu meiden;
wohlan, es wird jetzt Zeit,
den Arzt zu meiden.

Gott ist Wein, und von seiner Süße werden wir trunken. Wir verlieren uns, wir vergessen, wer wir waren, und erkennen unser wahres Wesen, das heilig ist und wert, tiefer in uns aufgenommen zu werden, als die Welt je begreifen kann. Gott wurde vom Namenlosen zum Benannten und letztendlich zum Geliebten.

Da stellt sich die Frage: Bewegt sich Gott auf uns zu oder bewegen wir uns auf Gott zu? Wenn wir glauben, dass Gott der Menschheit im Lauf der Jahrhunderte näherkäme, dann wäre Gottes Liebe bedingt, im Sinne von: Je mehr Gott uns kennenlernt, desto mehr Zuneigung verspürt er. Doch solche Vorstellungen passen eher zu menschlichen Beziehungen als zu göttlichen. Aus der Sicht des Göttlichen gibt Gott nur an Gott. Wir sind es, die etwas zurückhalten, bis wir sicher sind, dass der andere es auch gut aufnimmt und so darauf reagiert, wie wir es gerne hätten.

Vielleicht gilt es, etwas aus unserer neu entdeckten Nähe zu Gott zu lernen. Vielleicht ist es endlich an der Zeit, anzufangen, dass wir Gott nachahmen, statt von unserem Schöpfer zu erwarten, dass er uns nachahmt.

Was bedeutet es, dass Gott nur *gibt*? Aus menschlicher Sicht ist das unmöglich. Wenn wir glauben, dass wir unsere Energie oder unsere Ressourcen an jemanden weggeben, der außerhalb unserer selbst existiert, kommen wir irgendwann an den Punkt, an dem wir nichts mehr zu geben haben. Wenn wir all unsere Energie weggäben, würden wir sterben – und wo würde uns das hinführen? Wir haben die Vorstellung: »Achte auf deine Grenzen. Gib nicht mehr, als du entbehren kannst.«

Doch lassen Sie uns die Perspektive wechseln, damit wir verstehen, wie Gott gibt.

Die meisten von uns sind bereit, die Möglichkeit anzuerkennen, dass Gott keine Trennung wahrnimmt. Man könnte auch sagen: Alles ist in dem Ganzen enthalten, das wir manchmal Gott nennen, und es gibt nichts außerhalb davon. Die Physik lehrt uns, dass Energie weder erzeugt noch zerstört werden kann – sie begibt sich nur von einem Zustand in den anderen. Wenn dem so ist, dann ist auch alles, was wir einem anderen Menschen geben, ein Austausch von Energie, der aus Gottes Sicht gar nicht stattfindet. Die Energie verlässt nie ihre Quelle, nämlich Gott. Gott ist die Quelle aller Energie, daher kann sie auch nirgendwo anders hin. Sie bleibt, wo Sie immer gewesen ist, auch wenn es so scheinen mag, als wandere sie von einer Person oder einer Situation zu einer anderen.

Willkommen in einer neuen Welt!

Also bleibt uns nur eine Möglichkeit: Geben und Nehmen sind nicht zwei unterschiedliche Erfahrungen – sie sind das Gleiche.

Herr, lass du mich trachten:
nicht, dass ich getröstet werde,
sondern dass ich andere tröste;

nicht, dass ich verstanden werde,
sondern dass ich andere verstehe;
nicht, dass ich geliebt werde,
sondern dass ich andere liebe.
Denn wer da hingibt, der empfängt;
wer sich selbst vergisst, der findet;
wer verzeiht, dem wird verziehen;
und wer stirbt, erwacht zum ewigen Leben.[7]

Der Moses-Code soll dazu dienen, die Nähe in unserer Beziehung zum Göttlichen zu erfahren und dann mit anderen zu teilen. Wir sind hier, um Gott nachzuahmen, aber das können wir nur, wenn wir unseren Schöpfer verstehen. Verständnis entsteht, wenn man mit jemandem in Beziehung tritt und mit ihm kommuniziert, und wir können mit jemandem nur auf tiefer Ebene kommunizieren, wenn wir ihn kennen. Das Geschenk, das uns Moses übermittelt hat, war der heilige Name. Seitdem bewegen wir uns näher auf Gott zu, statt zu erwarten, dass Gott auf uns zugeht.

7. Übung: Eine Unterhaltung mit Gott

Es ist jetzt Zeit, uns näher auf dieses Gespräch einzulassen, genauso wie Moses es getan hat. Bislang haben Sie den Moses-Code angewandt, um entweder Dinge in Ihr Leben zu holen, die Sie im Moment nicht haben, oder

---

[7] Gebet aus der Normandie, das früher Franz von Assisi zugeschrieben wurde. (Anm. d. Redakt.)

um die Eigenschaften in die Welt auszustrahlen, nach denen sich Ihre Seele sehnt. Jetzt können Sie den Moses-Code dafür verwenden, die heilige Beziehung zwischen Ihnen und Ihrer Quelle, auch Gott genannt, zu stärken und zu erweitern.

In dieser Übung können Sie wählen, ob Sie lieber beim Einatmen oder beim Ausatmen »ICH BIN DAS« sagen wollen. An manchen Tagen mag es sich angemessener anfühlen, es beim Ausatmen zu tun und etwas Bestimmtes in Ihr Leben zu holen. Zu anderen Zeiten nutzen Sie vielleicht lieber die Worte, um Energie auszusenden. Dann sagen Sie sie beim Einatmen. Zunächst spielt das keine Rolle, denn das Ziel dieser Übung ist ein anderes.

Spüren Sie, wie Sie sich mit Gott unterhalten, genauso wie Moses es getan hat. Halten Sie Ihren Fokus auf der Nähe, die in diesem Dialog entsteht. Wenn Sie sagen: »ICH BIN DAS«, spüren Sie die Verbindung zwischen Himmel und Erde. Und wenn Sie sagen: »ICH BIN«, spüren Sie, dass Gott Ihnen antwortet und die Verbindung damit seinerseits bestätigt. Fahren Sie mit dieser Übung fort, bis Sie erkennen, dass Sie ganz eins sind mit Gott: Unter ihnen macht sich eine Nähe breit, die sich allem logischen Denken entzieht.

9

DIE »TRICKLE-DOWN-THEORIE«[8] DER ERLEUCHTUNG

Es mag merkwürdig scheinen, eine der Grundlagen der Reagan'schen Wirtschaftspolitik mit dem Moses-Code zu verknüpfen, doch es kann uns helfen, den fundamentalen Unterschied zwischen dem Verlangen des Egos und der Sehnsucht der Seele zu begreifen. Das Ego strebt nach Annehmlichkeiten. Es sammelt Geld und Güter, um dem Tod etwas entgegensetzen zu können. Es versucht also, so viel wie möglich zu haben, um sich damit gegen seinen unausweichlichen Untergang zu schützen. Anders die Seele: Sie strebt danach, so viel wie möglich zu geben, weil sie weiß, dass sie nicht durch Getrenntheit oder Tod gefährdet ist. Das kann sie nur erkennen, indem sie gibt, was sie am meisten ersehnt. Sie können nichts geben, was Sie nicht haben. Die Seele begreift dies – daher gibt sie die ganze Zeit.

---

[8] Der Begriff »Trickle-down-Theorie« (engl. trickle = sickern) bezeichnet die These, dass Wirtschaftswachstum und allgemeiner Wohlstand der Reichen in die unteren Schichten der Gesellschaft durchsickere (*Trickle-down-Effekt*). Sie gehört zu den Annahmen einer angebotsorientierten Wirtschaftspolitik (nach Wikipedia; Anm. d. Übers.).

Mutter Teresa hat einmal geschrieben:

»Wenn ich hungrig bin, gib mir jemanden, den ich ernähren kann, und wenn ich durstig bin, gib mir jemanden, dem ich zu trinken geben kann.«

Sie hat verstanden, was in dem Gebet zum Ausdruck gebracht wird: »Denn wer da hingibt, der empfängt; ... und wer stirbt, erwacht zum ewigen Leben.« Das ist der wesentliche Unterschied. Das Ego strebt danach, zu *haben,* während die Seele danach strebt, zu *geben.*

In der ersten Stufe des Moses-Codes (die ich in meiner Analogie »den Schatten« bzw. »das Ego« genannt habe) wird dieses mächtige Instrument der Manifestation verwendet, um sämtliche Dinge zu bekommen, die das Ego zu brauchen meint. Ich will es ganz deutlich sagen: Das ist überhaupt nicht verkehrt! Es ist sogar in gewisser Hinsicht im Prozess des Erwachens ein notwendiger Schritt, aber eben nur der erste. Es mag verführerisch sein, auf jene zu schauen, die diese Technik gemeistert haben. Sie scheinen alles erreicht zu haben, was sie je wollten. Man könnte meinen, Sie hätten das gelobte Land der Fülle und des Wohlstands erreicht. Doch leider befriedigt das nicht die wahre Sehnsucht der Seele.

Die Seele sorgt sich nicht um Dinge, von denen sie weiß, dass sie ohnehin da sein werden, wenn eine höhere Ebene erreicht wird. Sie sorgt sich nur um die ewigen Qualitäten und Gaben, die jenseits der physischen Welt liegen: Frieden, Liebe, Mitgefühl, Sanftmut ... Sie konzentriert sich auf die Wohltätigkeit des Göttlichen, in dem Wissen, dass die weltlichen

Gaben leichter fließen, wenn ein höheres Ziel erreicht wird. Jesus sagte:

> *»Sammelt euch nicht Schätze hier auf der Erde, wo Motte und Wurm sie zerstören und wo Diebe einbrechen und sie stehlen, sondern sammelt euch Schätze im Himmel, wo weder Motte noch Wurm sie zerstören und keine Diebe einbrechen und sie stehlen. Denn wo dein Schatz ist, da ist auch dein Herz.«*
> (MATTHÄUS 6,19–21)

Ich nenne dies gerne die Trickle-down-Theorie der Erleuchtung. Jesus sagte, dass nur die ewigen Gaben unserer Aufmerksamkeit wert seien, und er bestätigt uns, dass uns alles andere automatisch zufallen wird, wenn wir uns nur auf diese Gaben konzentrieren.

> *Macht euch also keine Sorgen und fragt nicht: Was sollen wir essen? Was sollen wir trinken? Was sollen wir anziehen? ... Euer himmlischer Vater weiß, dass ihr das alles braucht. Euch aber muss es zuerst um sein Reich und um seine Gerechtigkeit gehen; dann wird euch alles andere dazugegeben.*
> (Matthäus 6,31–33)

Wenn wir also nach der höchsten Ebene streben, wird alles, was darunter liegt, mühelos da sein. Der »Trick« ist, nach dem Höchsten zu streben, was das Universum zu bieten hat – das, was Jesus das Reich Gottes nennt. All die Dinge, die Sie brauchen, um Ihr

Leben aufrechtzuerhalten – Wohnung, Einkommen, Kleidung, alle Dinge, die energetisch kraftloser sind –, fließen dann leicht und natürlich in Ihr Leben, weil Gott will, dass wir in vollkommener Freude leben.

Die Pyramide des Verlangens

Stellen Sie sich eine Pyramide vor, die in viele Stufen unterteilt ist. Wir nennen sie die »Pyramide des Verlangens«. Die höchste Ebene an der Spitze der Pyramide ist der Himmel, das Königreich Gottes. Die nächste Stufe mag aus dem Verlangen nach einem Leben voller Frieden und Liebe bestehen, und darunter findet sich vielleicht der Wunsch nach finanzieller Fülle. Nur Sie selbst wissen, wo in Ihrer Pyramide welches Verlangen angeordnet ist.

Jetzt stellen Sie sich vor, Sie erreichen das höchste Ziel: die Erkenntnis, dass der Himmel hier auf Erden ist; er ist kein ferner Ort, an den Sie gelangen, wenn Sie gestorben sind. Es geht darum, die himmlischen Gaben hier und jetzt zu genießen! Die Energie, die daraus hervorgeht, beginnt dann, in die unteren Ebenen der Pyramide zu sickern. Wenn Sie den Himmel auf Erden erleben, wird die Energie zunächst die darunterliegende Ebene füllen: Ihr Leben wird von Frieden und Liebe erfüllt sein. Sobald das geschieht, fließt die Energie über in finanzielle Fülle und alle Stufen, die eventuell noch danach kommen. Sie werden allmählich erkennen, dass das Leben nach dem Plan Gottes jeden Lebensbereich gelingen lässt – nicht nur den Bereich, den Sie direkt angestrebt haben.

Doch was geschieht, wenn Sie sich auf die Ziele der unteren Ebenen konzentrieren, zum Beispiel auf das Verlangen nach finanzieller Fülle? Angenommen, Sie verwenden den Moses-Code, die Macht des göttlichen Namens, um das zu erreichen. Das Universum versorgt Sie mit allem, was Sie wünschen, also werden Sie Ihr Ziel leicht erreichen: Ihr Bankkonto wird plötzlich dick gefüllt sein. Die Trickle-down-Theorie gilt natürlich auch hier: Alle darunterliegenden Stufen werden ebenfalls erfüllt sein. Sie können sich nun also alle Spielzeuge kaufen, die Sie zu brauchen meinen, um glücklicher zu sein. Vielleicht gewinnen Sie auch mehr Einfluss und steigen ein, zwei Stufen auf der sozialen Leiter empor.

Doch was ist mit den Dingen, die in Ihrer Pyramide oberhalb der finanziellen Fülle stehen? Sie verfügen dann vielleicht über mehr Geld, als Sie je zu haben hofften, aber Ihr Familienleben ist schrecklich und Sie fühlen sich friedlos. Vor allem gelingt es Ihnen nicht, ins Reich Gottes zu finden – was ja der tiefsten Sehnsucht Ihrer Seele entspräche. Das ist der Grund, weshalb Sie unabhängig von der Größe Ihres Portemonnaies und Bankkontos nicht zufrieden sein werden. Am Anfang meinen Sie vielleicht, einfach nur von irgendetwas mehr zu brauchen – in diesem Fall: Geld. Doch selbst wenn Sie zum reichsten Menschen der Welt würden: Die Unzufriedenheit bleibt.

Was nützt es einem Menschen, wenn er die ganze Welt gewinnt, dabei aber sein Leben einbüßt?
(MATTHÄUS 16,26)

Letztendlich besteht Ihr einziges Verlangen darin, das Sehnen Ihrer Seele zu stillen. Sie haben es bislang nur nicht gewusst. Man kann seine Seele zwar nicht verwirken, aber man kann sie vernachlässigen. Doch irgendwann wird die Missachtung Ihrer Seele so schmerzhaft, dass Sie keine andere Wahl haben, als entweder nach dem Reich Gottes zu streben oder sich in einem unbefriedigenden Leben einzurichten. Vielleicht haben Sie irgendwann ein tolles Haus, ein schnelles Auto und großen Einfluss, aber die wichtigsten Dinge fehlen. Es scheint, als habe Gott ein Sicherheitssystem eingebaut, damit wir auf jeden Fall irgendwann die Wahrheit erkennen.

Wir streben nach Wahrheit. Der Moses-Code bietet uns einen Weg dorthin. Es wird Zeit für die Erkenntnis, dass unser einziges Ziel darin besteht, die Gaben Gottes nachzuahmen, auch seine Großzügigkeit. Wenn wir das tun, merken wir, dass wir bereits alles haben, was unsere Seele braucht, um glücklich und zufrieden zu sein. Gott ist immer nur gebend – und alles wird von Gott empfangen. *Eine Gabe kann niemals wirklich ihren Ursprung verlassen.* Das ist es, was uns letztlich erkennen lässt, dass das Reich Gottes bereits in uns ist.

8. Übung: Ihre eigene Pyramide des Verlangens

Zeichnen Sie Ihre eigene Pyramide des Verlangens, und zwar so groß, dass in jede Stufe ein paar Begriffe hineinpassen. Beginnen Sie an der oberen Spitze des Dreiecks: Wie würden Sie jenes beschreiben, was Jesus das Reich

Gottes nannte? Himmel, Erleuchtung, vollkommene Liebe ...? Notieren Sie Ihre Worte ganz oben. Ganz unten schreiben Sie einige Dinge hin, die Sie zum Überleben brauchen: Nahrung, Kleidung, Behausung etc. Das sind die grundlegenden Bedürfnisse Ihres Lebens. Sie können sich darauf konzentrieren, auf dieser Stufe Fülle zu erzeugen; oder Sie vertrauen darauf, dass Sie umso mehr von Gott annehmen können, je höher das Niveau ist, auf dem Sie in Ihrer Pyramide arbeiten.

Welche Dinge könnten Sie auf der Ebene direkt über Ihren grundlegenden Bedürfnissen manifestieren? Vielleicht geht es für Sie darum, Ihre emotionalen Bedürfnisse und Wünsche zu befriedigen. Schreiben Sie dazu ein paar Stichworte nieder. Wie viele Ebenen könnte Ihre Pyramide noch haben? Nehmen Sie sich Zeit, alles möglichst ausführlich zu beschreiben, und entscheiden Sie sich dann, auf welche Ebene Sie sich konzentrieren wollen. Denken Sie daran: Falls Sie sich nur auf die Erfüllung Ihrer physischen Bedürfnisse konzentrieren, bleibt alles auf den darüberliegenden Ebenen unbefriedigt.

Sobald Sie Ihre Pyramide vollständig ausgefüllt haben, versuchen Sie bewusst, möglichst konzentriert zu bleiben und von der höchsten Ebene aus schöpferisch tätig zu sein. Ihr einziges Ziel sollte sein, das Reich Gottes zu erreichen, denn Sie wissen: Wenn Sie diesem Ziel treu bleiben, wird sich alles andere von selbst entwickeln.

10

Mit den Augen Gottes sehen

Der Schatten (die erste Ebene des Moses-Codes) strebt danach, die Macht des göttlichen Namens ICH BIN DAS ICH BIN zu nutzen: Das *Ego* möchte damit all jenes anziehen, woran es ihm angeblich mangelt und was sein Leben bereichern könnte. Das ist der erste Schritt der spirituellen Meisterschaft: die Erkenntnis, dass in uns die Macht des Universums, die Macht Gottes liegt, und dass wir damit tun können, was wir wollen. Wenn Sie unglaubliche Reichtümer schaffen wollen, dann wird das geschehen. Wenn Sie mithilfe dieser Energie das Haus Ihrer Träume oder eine perfekte Beziehung manifestieren wollen, dann wird es so sein.

Sie sollten jedoch verstehen, dass dies nur der erste Schritt ist und nicht das eigentliche Ziel. Sooft Sie das bekommen, worauf Sie sich konzentriert haben, fühlt sich Ihr Ego einen Augenblick lang zufrieden. Das Problem ist jedoch, dass das Ego niemals genug hat. Sobald ein Ziel erreicht ist, merken Sie, dass das innere Sehnen, das den Wunsch hervorrief, immer noch da ist. Also machen Sie mit dem nächsten Posten auf Ihrer Liste weiter – mit der nächsten Sache oder der nächsten Bedingung, von der Sie meinen, dass sie das ewige Loch in Ihnen ausfüllen wird. Dieser Prozess wird x-mal wiederholt, bis Sie schließlich erkennen: Es gibt in der *äußeren* Welt nichts, was dieses Sehnen befriedigen kann. Dann ist es Zeit für eine neue Strategie: die Innenschau.

Jetzt sind Sie bereit, sich auf die zweite Ebene des Moses-Codes zu begeben, die ich in der Analogie als den Körper – Repräsentation für die *Seele* – bezeichnet habe. Sie haben erkannt, dass das Ego mit nichts aus der äußeren Welt zufriedenzustellen ist und dass wahre Zufriedenheit nur entstehen kann, wenn wir die Qualitäten und Muster des Göttlichen nachahmen. Das erfordert eine neue Entscheidung, eine neue Richtung. Richten wir unsere Aufmerksamkeit also auf die Seele.

Kehren wir zurück zu der Analogie mit dem Körper und seinem Schatten, der irrtümlich als lebendig betrachtet wird. Wir haben unseren Blick vom Schatten abgewandt und schauen jetzt auf das, was den Schatten hervorruft: der Körper. Wenn der Schatten das Ego repräsentiert, dann ist der Körper das Symbol für die Seele. Sobald wir erkannt haben, wie vergeblich der Versuch ist, die Wünsche des Egos zu erfüllen, richten wir unsere Aufmerksamkeit auf die Seele.

Stellen Sie sich vor, Ihr Rücken ist der Lichtquelle zugewandt und Sie schauen auf den Schatten. Dann drehen Sie sich um und schauen ins Licht – Sie wenden sich von den Wünschen des Egos ab. Die Wendung zum Licht entspricht der Entscheidung, mit Gottes Augen zu sehen, die Gaben der Seele höher zu bewerten als all das, was Sie ohnehin nie zufriedenstellen wird.

Vielleicht fragen Sie sich, was es wohl bedeutet, mit den Augen Gottes zu sehen. Sie haben in jedem Augenblick Ihres Lebens die Wahl, wie Sie das, was Sie umgibt, und die Ereignisse, die Ihnen widerfahren, wahrnehmen wollen. Wenn Sie durch die Augen des Egos schauen, werden Sie alles als getrennt und isoliert sehen. Wie gesagt, eine Überzeugung des Egos besagt, dass wir uns vor dem, was außen ist und uns angreifen könnte, schützen müssen. Das Ego betrachtet die Welt mit misstrauischem Blick. Selbst Menschen oder Situationen, die Ihnen gut gedient oder die Sie erfreut haben, werden durch diesen dunklen Filter wahrgenommen.

Wenn Sie sich entscheiden, durch die Augen der Seele zu schauen, erscheint die Welt und alles in ihr in einem anderen Licht. Dann erkennen Sie, dass Sie von nichts getrennt sind, sondern mit der gesamten Wirklichkeit, die Sie wahrnehmen, aufs Innigste verbunden sind. Ihnen bleibt nur, alles, was Sie wahrnehmen, zu segnen, denn letztlich führt Sie jede Erfahrung zu einem tieferen Verständnis der höchsten Bestimmung Ihres Lebens.

Im Gegensatz zum Habenwollen des Egos will die Seele geben, weil sie, ins Licht schauend, dieses Licht oder Gott nachahmen will. Die Seele ist eigentlich die Brücke zwischen dem Ego und dem Göttlichen. Sobald Sie diese Brücke überquert haben und Ihr Bewusstsein mit Gott verschmolzen ist, ist die Aufgabe der Seele erfüllt – sie sieht sich als eins mit ihrem Schöpfer. Die Seele wird also wieder in die Absicht Gottes absorbiert und dehnt sich aus und gibt, wie Gott sich ausdehnt und gibt. Die zwei werden eins, und es gibt nur noch Einheit.

Das führt uns zur letzten Stufe: dem *Licht*. Das Licht ist die Quelle von allem, was Sie wahrnehmen. Es beleuchtet und erschafft den Körper (die Seele) und den Schatten (das Ego). Das Ziel des Moses-Codes ist es, Ihre Identifikation zunächst vom

Ego zu lösen, um durch die Augen der Seele zu schauen, und sich dann daran zu erinnern, dass Sie in Wirklichkeit weder das eine noch das andere sind. Sie sind Licht – eins mit der Quelle, welche die ganze Schöpfung beleuchtet. Das ist das Ziel, doch es zu erreichen erfordert mehr von Ihnen, als Sie sich jetzt vorstellen können.

Am Anfang des zweiten Teils dieses Buches hatten Sie die Möglichkeit, innezuhalten und die Lektionen zu genießen, die Sie gelernt hatten, nämlich die Dinge in Ihr Leben zu holen, die Sie sich immer gewünscht haben. Sie konnten dort zu lesen aufhören und hätten trotzdem über die Technik verfügt, alles zu manifestieren, was Sie wollen, und wären dadurch vielleicht jedes Mal einen Augenblick lang zufrieden. Doch diese Zufriedenheit wäre nicht von Dauer gewesen, denn es handelte sich nur um die Wünsche des Egos, die unsere tiefere Sehnsucht nicht berühren. Die Sehnsucht der Seele kann von keinen materiellen Errungenschaften erfüllt werden. Die Seele strebt nach etwas, das jenseits dieser Welt liegt und das von Zeit oder Tod unberührt bleibt. Sie strebt nach dem Ewigen – oder zumindest nach bestimmten Qualitäten des Ewigen, die sich in der Welt manifestieren. Zu diesen Qualitäten gehören:

- Frieden
- Liebe
- Gnade
- Anmut
- Freude
- Geduld

Diese Qualitäten sind gegenwärtig – sowohl hier als auch im Himmel, der eher ein Bewusstseinszustand ist als ein Ort, an den man kommt, wenn man gestorben ist. Sie sind wie stabile Brücken, die diese Welt mit der wirklichen Welt verbinden, einer Welt, die auf den Gesetzen der Einheit beruht statt auf Getrenntheit. Das Ego und die Seele sind wie Fahrzeuge, die uns in bestimmte Dimensionen bringen können, aber sie schaffen es nur bis zu einem bestimmten Punkt. Angenommen, Sie fahren mit dem Auto und landen an einem Strand, dann können Sie nicht weiterfahren. Sie bräuchten ein Schiff, um das Wasser zu überqueren. Und wenn Sie nicht die Zeit hätten, um das Meer per Schiff zu überqueren, müssten Sie mit dem Flugzeug reisen.

Das Ego ist wie das Auto: Es kann Sie über Land fahren, aber für andere Fortbewegungsarten ist es kaum geeignet. Das Schiff kann Sie übers Wasser tragen, aber es braucht lange Zeit. Nur das Flugzeug kann Sie in kurzer Zeit an den gewünschten Ort befördern, weil es sich über die Erde erhebt und sich unabhängig von den Gegebenheiten vorwärtsbewegt. Beim Fliegen spielt es keine Rolle, ob Sie eine Wüste oder aber Berge unter sich haben. Ein Flugzeug kann die Hindernisse der Welt überwinden.

Im ersten Teil des Buches sind Sie mit dem Auto gefahren, und das Ego durfte sich um alles kümmern. Dann sind Sie in ein Schiff gestiegen, und die Seele brachte Sie an Orte, für die das Auto nicht geeignet war. Jetzt ist es Zeit, ins Flugzeug zu steigen, denn Ihr neues Ziel kann weder per Auto noch per Schiff erreicht werden. Das Flugzeug wird sich in die Luft erheben und Sie in neue Reiche führen, die nicht mehr an die Sitten und Regeln der Vergangenheit gebunden sind.

Von nun an gehen Sie ins Licht.

9. Übung: Einheit erfahren

Bei dieser Übung können Sie den Moses-Code verwenden, um durch die Augen der Seele zu schauen – was das Gleiche ist, wie durch die Augen Gottes zu schauen. Sehen Sie sich heute möglichst oft um und betrachten Sie die Menschen um Sie herum als einen Teil von Ihnen selbst. Sie wissen bereits, dass das so ist, dass Sie eins sind mit allem und jedem. Die Übung hilft Ihnen, diese Wahrheit in Ihrem Leben praktisch anzuwenden und sie mit Ihrem ganzen Sein zu erfahren.

Wann immer Sie sich in einer Situation mit anderen Menschen befinden, atmen Sie aus und sagen dabei: »ICH BIN DAS.« Versuchen Sie dabei, sich mit einem bestimmten Menschen zu identifizieren und möglichst intensiv zu *spüren,* dass es wahr ist. Leiern Sie also nicht nur die Worte herunter, sondern füllen Sie den ganzen Raum, der zwischen Ihnen und der anderen Person existiert, mit Ihrem Fühlen aus.

Dann atmen Sie ein und sagen: »ICH BIN«, in dem Wissen, dass Sie die Einheit mit diesem Individuum als Gott erfahren. Es ist eine Sache, zu sagen, dass Sie eins sind mit Gott, aber eine andere, es so wirklich zu spüren, dass Sie wissen: Es ist wahr! Ihre Aussage ist dann nicht mehr Ausdruck eines gewissen Konzepts, sondern einer Erfahrung, die geliebt und mitgeteilt werden kann.

11

EGO UND SEELE

Bis jetzt haben wir die Analogie von Schatten, Körper und Licht verwendet, um die heilige Reise des Moses-Codes zu beschreiben. Jetzt wollen wir zu Moses' Geschichte zurückkehren, um sie noch tiefer zu verstehen.

Auf dem Höhepunkt der Geschichte, in dem Augenblick, da Moses – und letztendlich der ganzen Welt – der heilige Name übermittelt wird, haben wir es mit drei Beteiligten zu tun. Sie erinnern sich: Moses hütete die Schafe, als er einen Dornbusch sah, der in Flammen zu stehen schien, ohne zu verbrennen. Dann hörte er, wie eine Stimme zu ihm sprach und ihm den Auftrag erteilte, die Israeliten zu befreien.

Der Name Gottes – ICH BIN DAS ICH BIN – enthält die Kraft, mit der Moses einst Wunder bewirken wird. Mit seiner Hilfe wird er beweisen, dass wahre Macht nicht durch weltliche Reichtümer entsteht, sondern durch die Erkenntnis, dass wir eins sind mit Gott.

Nun wenden wir die Moses-Geschichte auf unsere Analogie an:

1. Was wir bisher Schatten oder Ego genannt haben, ist jetzt Moses.
2. Der Körper bzw. die Seele entspricht dem brennenden Dornbusch.
3. Das Licht ist und bleibt Gott.

Die wesentliche Eigenschaft des Egos sieht so aus, dass es all das, was sein Verlangen befriedigen soll, außerhalb von sich sucht. Moses glaubte, dass die Hebräer erst glücklich sein könnten, wenn sie frei wären, und Freiheit bedeutete natürlich, aus der ägyptischen Sklaverei zu entkommen. Doch ohne das Bewusstsein echter Freiheit nutzt die äußere Freiheit nicht viel, um das tiefere Sehnen zu stillen. Deswegen konnten die Israeliten nicht das Symbol ihrer Sklaverei zurücklassen: das Idol des Goldenen Kalbs. Der Einfluss der ägyptischen Herrscher regierte nach wie vor ihr Denken, und als sie unter Druck gerieten, ließen sie ihre monotheistischen Wurzeln im Stich und wandten sich dem Polytheismus zu.

Die Grundlage des Polytheismus ist, dass es viele Götter gibt, die alle voneinander und von der Menschheit getrennt sind. Ein derartiges Konzept ist von zahllosen Anforderungen und Erwartungen des Egos erfüllt, weil es keine Einheit kennt. Moses hingegen trat den Israeliten und dem Pharao mit einer anderen Haltung gegenüber. Er zeigte dem Pharao, dass Gott *eins* ist.

Die Absicht des Egos

Das Ego hat nur ein Ziel: sein Überleben. Weil sein ganzes Weltbild auf einer Illusion beruht, muss das Ego alles verwenden, was ihm zur Verfügung steht, um die falschen Bilder aufrechtzuerhalten, die es erzeugt. Deswegen ist es so schnell bereit, eine Überzeugung gegen eine andere einzutauschen, sogar wenn es sich dabei um gegensätzliche Standpunkte handelt. Selbst wenn sich das Ego mit zahllosen Beweisen konfrontiert sieht – in diesem Fall mit der Tatsache, dass Moses durch die Macht des heiligen Namens die Israeliten aus der Hand der Ägypter befreien konnte –, missachtet es sie, wenn sie nicht seiner Absicht entsprechen. Es würde eher Purzelbäume schlagen, als zu sterben, denn vor dem Tod fürchtet es sich am meisten. Das Ego überzeugt uns davon, dass wir bei seinem Tod ebenfalls sterben werden, und macht uns so zu seinem Komplizen. So begründet das Ego alle seine Entscheidungen und lässt es durchaus vernünftig erscheinen, eben gerade noch dem einen und jetzt dem entgegengesetzten Weg zu folgen.

Moses (und die Israeliten) repräsentiert den Teil von uns, der eher den Beweisen unserer Getrenntheit glaubt als den Verheißungen des Göttlichen. Gott hat den Hebräern versprochen, sie in ein Land zu führen, in dem »Milch und Honig fließen«, ein Land, das ihnen von Geburt an zusteht. Doch sobald der Wüstenwind etwas heißer bläst, stellen sie ihre Überlebensfähigkeit infrage und kehren zu dem zurück, was ihnen vertraut ist – eine Entscheidung, die ihnen letztendlich einen großen Lohn vorenthält.

Einfach ausgedrückt ist die Macht des Egos unbedeutend. Daher versucht es, von woanders Macht zu beziehen. Leider leben auf dieser Welt die meisten Menschen in genau dieser Überzeugung. Sie glauben, dass sie selbst nur wenig tun können. So ähnlich fühlt sich auch Moses am Anfang der Geschichte. Alles, was schwach ist, muss durch etwas Starkes ausgeglichen werden, denkt das Ego, und sucht im Außen nach Stärke, um sich kraftvoller zu fühlen.

Die Seele erkennt jedoch, dass es im Außen nichts gibt, das ihr irgendwie helfen könnte. Echte Kraft kommt von innen, und wenn wir aus der Weisheit unserer Seele heraus handeln, verspüren wir die Stärke, auf neue Weise schöpferisch tätig zu werden. Dann leben wir von der Seele her und erkennen schnell, dass die wahre Bedeutung des Lebens darin liegt, zu erschaffen und sich zu erweitern, wie Gott erschafft und sich erweitert. Die Ohnmacht des Egos wird überwunden – wir spüren eine Zufriedenheit, die sich der Verstand niemals vorstellen konnte.

Die Seele tut dies, indem sie gibt, was sie ersehnt: Wenn Frieden das Ziel ist, schenkt Ihre Seele anderen Frieden. Wenn es um Liebe geht, dann bringt sie immer und überall Liebe zum Ausdruck. Die Seele empfängt diese Gaben im selben Augenblick, da sie erkennt, dass sie mit der Seele der anderen eins ist. Es gibt also letztlich nur eine einzige Seele, die sich auf unzählige Weisen zum Ausdruck bringt. Und in dem Maße, wie sich unsere Seele ihrer Einheit mit jeder anderen Seele erinnert, begeben wir uns ins Licht – in Gott. Dann sind wir in vollkommener, göttlicher Fülle.

Wir sind bei einem wesentlichen Punkt unserer Überlegungen angelangt: Von nun an wenden wir das Gespräch zwischen

Moses und Gott als Rahmen an, um den Code zu verstehen und mit seiner Hilfe alles in unser Leben zu holen, was wir uns wünschen. Wie gesagt, Moses repräsentiert das Ego, jenen Teil von uns, der die göttliche Fülle nur im Außen wahrnehmen kann. Der brennende Dornbusch repräsentiert die Seele, jenen Teil von uns, der alles Verlangen des Egos verbrennt und nach einer höheren Sicht der Dinge strebt. Und das wahre Ziel ist Gott, unser höchster Aspekt, der sich seiner Einheit mit allem Sein bewusst ist. Der Moses-Code führt letztendlich zu einer Vereinigung all dieser Aspekte. Jeder von ihnen wird miteinbezogen, um in unserem Leben und in der Welt Frieden zu erschaffen.

Die Frage liegt jetzt auf der Hand: Wer sind Sie in diesem Manifestationsdrama? Sind Sie Moses? Nutzen Sie die Technik, die Sie gelernt haben, um all die Dinge zu manifestieren, die Sie immer haben wollten, in der Hoffnung, damit Ihr Leben zu bereichern? Sind Sie der brennende Dornbusch, der vor Schöpfungskraft glüht und sie jedem anbietet, der ihm begegnet? Oder sind Sie Gott, voller Bewusstsein der innigen Verbindung, die zwischen Ihnen und allem Seienden besteht, ganz gegenwärtig im Herzen des Göttlichen?

Die Wahl liegt immer bei Ihnen. Der Fokus, für den Sie sich entscheiden, wird die Grundlage Ihres Gewahrseins bilden. Die Tatsache, dass Sie bis hierher gelesen haben, weist darauf hin, dass Sie sich der Vergeblichkeit aller Bemühungen des Egos bewusst sind. Vielleicht haben Sie bereits erfolgreich all jenes manifestiert, von dem Sie meinten, es stille Ihr inneres Sehnen. Möglicherweise haben Sie allen Wohlstand, den Sie je wollten – doch das Sehnen bleibt, egal wie viel Sie ansammeln. Vielleicht haben Sie sogar gelernt, das zu geben, wonach sich Ihre Seele

am meisten sehnt, und dabei erkannt, dass es schon immer in
Ihnen war. Doch auch dann gilt es noch einen letzten Schritt
zu machen – einen Schritt, den Ihr Verstand nicht wirklich begreifen kann.

12

DER LETZTE SCHRITT

Ist es jetzt Zeit, in diese Wirklichkeit einzutreten? Sind Sie bereit, endlich das wahre und höchste Ziel des Moses-Codes zu erreichen? Wenn ja, werden Sie Ihr Gewahrsein mit dem Gewahrsein Gottes vereinen und erkennen, dass Sie und der Schöpfer eins sind. Möglicherweise lässt diese Aussicht Sie ein wenig erzittern und erfüllt Ihr Herz gleichermaßen mit Aufregung und Schrecken. Das ist ganz natürlich, doch wie Sie jetzt schon oft gelesen haben, brauchen Sie sich um den Ausgang der Geschichte keine Sorgen zu machen. Sie würden diese Worte nicht lesen, wenn Sie nicht dazu bereit wären oder wenn Sie nicht um diese Chance gebeten hätten. Sie brauchen nichts zu tun, als vorwärtszugehen. Die Engel sorgen für den Rest.

Stellen Sie sich vor, Sie hätten so viele Jahre lang eine Rolle in einem Drama gespielt, dass die Unterscheidung zwischen der Rolle und Ihrem wirklichen Selbst mittlerweile verschleiert und unklar ist. Statt nach der Vorstellung das Kostüm auszuziehen und sich abzuschminken, kehren Sie in voller Maskerade nach Hause zurück und spielen weiter. Wenn Sie in eine Situation kommen, die Ihre Aufmerksamkeit oder eine Entscheidung verlangt, reagieren Sie so, wie es dem fiktiven Charakter der Rolle entsprechen würde. So hat sich die Wahrheit dessen, wer Sie sind, im Lauf der Zeit verzerrt; Sie haben das Gespür für Ihre wahren Bedürfnisse und Wünsche verloren. Ihr wahres Ich, wie Gott Sie wahrnimmt, ist eingeschlafen und scheint nie wieder aufzuwachen.

Doch Ihr Erwachen ist vorbestimmt, und wenn Sie es wollen, können Sie jetzt, in diesem Augenblick, aus dem Traum der Getrenntheit aufwachen. Sie haben irrtümlich geglaubt, dass das Zeit braucht und dass Sie *anders* sein müssten, als Sie sind, um zu sein, wer Sie wirklich sind. Aber ist das sinnvoll? Warum sollten Sie sich verändern müssen, um Ihr authentisches Selbst zu sein? Der Wahn des Egos ist zur Genüge deutlich geworden. Es ist Zeit, ihn für immer hinter sich zu lassen zugunsten der Sichtweise Gottes, die sich nie verändert.

Lassen Sie das noch einmal auf sich wirken: die Sichtweise Gottes, die sich nie verändert. Sogar während Sie die Rolle in jenem Stück gespielt haben, das Sie selbst schrieben, hat Gott nie vergessen, wer Sie wirklich sind. Und wenn Gott es nie vergessen hat, haben Sie es auch nicht. Das ist die beste Nachricht überhaupt, denn das bedeutet, dass Sie letztlich vor all den sinnlosen Konzepten geschützt waren, die Sie erschufen, um Ihr wahres Selbst zu verbergen. Diese Konzepte haben nie irgendwo anders existiert als in Ihrer eigenen Vorstellung. Was bleibt Ihnen jetzt anderes übrig, als aufzustehen, sich zu strecken und zu erkennen, dass Sie Ihr wahres Zuhause niemals wirklich verlassen haben. *Sie waren die ganze Zeit sicher und behütet, und Sie haben nie etwas getan – keine Sünde begangen und keinen Fehler, die irgendetwas geändert hätten.*

Wenn Sie eins sind mit Gott und Gott nie vergessen hat, wer Sie wirklich sind, dann sollte es doch ein Leichtes sein, aufzuwachen und sich zu erinnern. Und was ändert sich, wenn Sie das tun?

Überhaupt nichts.

Nochmal, nur Ihr Ego glaubt, dass Sie sich verändern müssten – dass sich alles in Ihnen und um Sie herum transformiert, wenn Sie nur endlich die Wahrheit akzeptieren würden.

Haben Sie sich je vorgestellt, wie Sie sich verhalten würden, wenn Sie endlich erleuchtet wären? Ahmen Sie dabei jemanden nach, den Sie für anders halten als sich selbst – jemanden, den Sie für erwacht halten? Gehen Sie davon aus, dass Sie, wenn Sie erwacht sind, sich mehr wie diese Person verhalten? Wenn diese Person dann noch aus einem anderen Land kommt, einer anderen Kultur entstammt und eine fremde Sprache spricht, ist das Ego sehr glücklich, weil es dann allen Grund hat, das, was Sie jetzt sind, gering zu schätzen. Es schaut auf all die Illusionen, die Sie sich gemacht haben, was es bedeutet, erleuchtet zu sein, und sagt: »Eines Tages wirst du vielleicht auch so sein.«

Doch dieser Tag kommt nie.

Die Vorstellung, dass Sie Ihr jetziges Sein verändern müssten, um Erleuchtung zu erlangen, ist eine der Hauptabwehrstrategien des Egos gegen die Wahrheit. Egal ob die Illusionen Ihnen nützen oder nicht – Sie fürchten sich mehr vor der Veränderung als vor der Erkenntnis der Wahrheit. Sie fürchten sich davor, was es bedeuten könnte, eine solche Macht zu haben, und wie Sie sich verhalten würden, wenn Sie so frei wären. Diese Ängste beruhen jedoch auf nichts Wirklichem – sie sind nur Schatten der Wirklichkeit. Nichts Wirkliches kann bedroht werden oder bedrohlich sein. Wenn Sie das akzeptieren, wird es so sein, denn um nichts anderes geht es bei der Reise des Erwachens.

Und was hat das jetzt mit dem Moses-Code zu tun? Einfach gesagt: Der letzte Schritt dieses Prozesses – die Erkenntnis, dass Sie eins sind mit Gott und sich daher in dieser Welt auch wie Gott verhalten sollen – ist das Bedrohlichste, was man von uns verlangen kann. Es ist leicht, zu akzeptieren, dass man das Verlangen des Egos, alles in der äußeren Welt haben zu wollen, aufgeben soll. Es ist sogar recht einfach, zu erkennen, dass Geben und Empfangen das Gleiche ist. Doch die Vorstellung, dass wir eins sind mit Gott – die können wir kaum annehmen. Im Gegenteil: Wir tun alles, was in unserer Macht steht, um dies nicht in aller Tiefe und Konsequenz annehmen zu müssen.

Was nun? Wie lassen Sie all die verborgenen und tief sitzenden Ängste los, die Sie davon abhalten, die Wahrheit zu erkennen?

Gar nicht ...

Moment mal, denken Sie jetzt vielleicht, ich soll gar nichts tun – nicht einmal versuchen, die große Illusion der Getrenntheit loszulassen, die mich daran hindert, zu erkennen, dass ich bereits erleuchtet bin?

Merken Sie, wie Sie sich entspannen, wenn Sie begreifen, dass Sie nichts zu tun brauchen? Darum geht es. Wenn Sie sich vor etwas fürchten, dann errichten Sie Schutzwälle um sich herum, die schwer oder unmöglich zu überwinden sind. Doch wenn Sie locker an die Sache herangehen, sind die Wände nur niedrig – jedes Kind könnte darüberklettern. Es geht darum, dass Sie aufhören, sich unter Druck zu setzen, *irgendetwas* zu tun…

… sondern zulassen, dass es für Sie getan wird.

Halten wir einen Augenblick inne, um Atem zu schöpfen. Die ganze Zeit waren Sie so darauf konzentriert, was Sie tun müssen, um den Moses-Code anzuwenden und mit seiner Hilfe alles zu manifestieren, was Sie sich wünschen. Dann haben Sie Ihren Fokus darauf gewandt, anderen zu geben, was Sie selbst sich ersehnen, aber auch da war es zumindest noch leicht zu erkennen, wer was tut, nämlich Sie. Und jetzt werden Sie aufgefordert, einen Schritt zurückzutreten und nichts zu tun, und ich erkläre Ihnen, dass Ihr Nichtstun bewirken wird, dass alles von allein geschieht?

Nicht ganz.

Hier geht es vielmehr darum, endlich einmal stillzuhalten und es Gott zu überlassen, den letzten Schritt für Sie zu machen. Sie haben bereits alles getan, was Ihrerseits zu tun ist. Sie sind über die endlosen Wünsche des Egos hinausgewachsen und haben sich eine neue Weltsicht angeeignet. Sie haben auch gelernt, wie Sie das geben können, was Sie sich am meisten ersehnen, und dadurch erkannt, dass es die ganze Zeit bereits in Ihnen war. Sie haben Großes geleistet und verdienen es, dafür gelobt zu werden.

Doch dieser letzte Schritt liegt nicht bei Ihnen – und je eher Sie das erkennen, desto eher wird es geschehen. Es geht buchstäblich darum, aus dieser Welt hinaus und in die Ewigkeit einzutreten. Bislang haben die Entscheidungen, die Sie getroffen haben, auf Ihrer Überzeugung von Zeit und Raum und all den damit verbundenen Beschränkungen beruht. Jetzt ist es Zeit, sich dem EINEN anzuvertrauen, der diese Beschränkungen nicht kennt – dem EINEN, der die heilige Rolle übernimmt, Sie von all den Dingen fortzuholen, die zeitlich bedingt sind, und Ihr Herz in der wirklichen Welt zu verankern.

Mit anderen Worten: Sie können diesen letzten Schritt nicht alleine tun, aber er kann für Sie getan werden. Diesen letzten Schritt muss Gott tun, denn nur dann werden Sie erkennen, dass Sie und Gott eins sind.

Und jetzt kommt das Beste: Der Schritt, den ich hier meine, ist eigentlich schon vor sehr langer Zeit getan worden – denn es ist ein Schritt, der nirgendwohin führt als dorthin, wo Sie immer waren. Es ist der Schritt zu Ihrem Herzen und in den Himmel, der immer Ihr Zuhause war.

Bei dieser Reise legen wir keine Distanz zurück. Unser einziges Ziel war, mit dem Herzen – nicht mit dem Verstand – zu erkennen, dass sich die Wahrheit in uns niemals verändert hat und dass wir in der Lage sind und das Recht haben, jetzt, in diesem Augenblick, in dieser Wahrheit zu leben. Es gibt nichts, was wir tun müssten, und nichts, was wir verändern müssten, denn das, worauf wir jetzt unsere Aufmerksamkeit richten, wird sich nie verändern, egal was passiert. Das zu akzeptieren ist für uns alle wahrscheinlich das Allerschwierigste, denn man hat uns immer das Gegenteil gelehrt. Uns wurde beigebracht, wir könnten unser göttliches Erbe durch Sünden oder seelenzerstörende Entscheidungen verspielen. Doch jetzt erfahren wir, dass es in dieser Welt nichts gibt, was die Seele zerstören könnte, denn die Liebe Gottes ist bedingungslos. Wir können es hinauszögern, diese Liebe wahrzunehmen, doch irgendwann ist das Gewahrsein unvermeidbar.

Jetzt haben Sie die Chance, den letzten Schritt des Moses-Codes zu gehen und Ihre ewiges Einssein mit Ihrem göttlichen Ursprung anzunehmen. Ist es schwer für Sie, zu akzeptieren, dass die Lösung immer so nahe lag und dass sie nie weiter als eine Entscheidung von Ihnen entfernt war? Doch letztendlich sind das nicht die Fragen, die Sie sich jetzt stellen sollten. Die Vergangenheit ist vorbei und bedeutungslos. Die einzig angemessene Frage lautet: Nehmen Sie diese Lösung jetzt an?

Wie lautet Ihre Antwort?

Wenn Sie Ja sagen, wird Gott den Schritt tun, den Sie nicht allein bewältigen konnten. Dann werden Sie sich daran erinnern, wer Sie sind. Vorbei die Tage des endlosen Bestrebens, den Hunger des Egos zu stillen. Jetzt bleibt Ihnen nur der Lohn des Himmels, der hier und jetzt darauf wartet, von Ihnen angenommen und weitergegeben zu werden. So macht es Gott, und jetzt ist es an Ihnen, es ihm gleichzutun.

Sie haben den Moses-Code nun ganz aufgenommen. Nur Ihre Entscheidung war nötig sowie Ihre Bereitschaft, zurückzutreten und den letzten Schritt Gott zu überlassen. Die Welt und alles in ihr verblasst und verliert sich in dieser heiligen Aufgabe, die auch die Ihre ist. Atmen Sie tief durch und lassen Sie es wahr sein.

Abschließende Gedanken zu Teil II

Willkommen Zuhause! Sie haben diese Reise begonnen, indem Sie sich auf alles konzentrierten, was Sie als außerhalb von sich wahrnahmen: all die Dinge, die Sie zu brauchen meinten, um glücklich und erfüllt zu sein. Dann haben Sie erkannt, dass es außerhalb Ihrer inneren Wahrheit nichts gibt, sodass Sie begannen, diese Gabe an andere zu verschenken, um sie selbst zu erkennen und sich an sie zu erinnern. Und schließlich haben Sie sich entschieden, still zu werden und Gott den letzten Schritt zu überlassen – einen Schritt weg von der Welt, die Sie selbst erschaffen haben, und in die Welt, die Gott erschaffen hat.

Die Reise ist jetzt vollendet, aber nicht, weil ich es sage. Sie werden die wahre Erfüllung Ihrer höchsten Wünsche erfahren, wenn Sie sich darauf einlassen, und das kann nur von Ihnen ausgehen. Es wird immer jemanden geben, der Sie an das erinnert, was Sie bereits wissen. Aber die Bereitschaft, ins Licht zu treten, muss von Ihnen kommen. Der Moses-Code ist eine Gabe des Himmels, ein Gespräch, das zu jener göttlichen Beziehung führt, die alle Ihre bisherigen Hoffnungen und Träume erfüllt. Außerhalb von Ihnen gibt es nichts, das Gott erschaffen hat – nichts, was Sie von irgendjemandem bekommen könnten, und nichts, was nicht bereits in Ihnen gegenwärtig wäre. Nehmen Sie es an – es gehört Ihnen, denn die Wahrheit wird Sie niemals im Stich lassen.

Der Legende nach hat Moses niemals das gelobte Land erreicht, aber Sie schon. Sie haben es erreicht, indem Sie erkannt haben, dass Sie nirgendwo hinzugehen brauchen. Sie haben entdeckt, wo Sie immer gewesen sind: im Himmel. Es gibt keine Wüste, die durchquert werden muss, keinen Pharao, keine Schlacht ... – nichts außer Ihren eigenen Gedanken und den Entscheidungen, die Sie für sich treffen. Seien Sie sicher, dass Sie eins sind mit Gott, und sprechen Sie mit der Stimme Gottes, dann wird Ihnen alles andere automatisch zufließen. Das himmlische Königreich ist jetzt um Sie, in diesem Augenblick. Öffnen Sie Ihre Augen und sehen Sie – nur dann werden Sie wahrhaft gesehen werden.

NACHWORT

Nichts ist unmöglich, wenn Sie es nicht für unmöglich halten. Was halten Sie für unerreichbar? Meinten Sie, es sei für Sie unmöglich, die Träume Ihres Herzens zu verwirklichen und auf jeder Ebene Erfüllung zu erleben? Haben Sie beschlossen, dass es Dinge gibt, die Sie verdienen, und andere, die Sie nicht verdienen, oder dass Sie nur eines kleinen Teils des Himmelreichs würdig sind?

Wenn Sie aus diesem Buch nur *eine Sache* mitnehmen, dann hoffentlich *diese*: Sie verdienen das *ganze* Himmelreich, nicht nur einen Teil davon. Wie Sie das erreichen? Indem Sie es anderen geben. Ihre Seele will geben, wie Gott gibt. Ihr Ego will Sie zurückhalten, weil das eben so seine Art ist. Sie können sich entscheiden. Was ist das verlockendere Angebot? Hat der Weg des Egos Ihnen je gegeben, was Sie wirklich wollten, oder haben seine unerfüllten Versprechungen letztlich nur dazu geführt, dass Sie sich nach etwas anderem umgeschaut haben? Jetzt ist Ihr Blick auf den Himmel gerichtet, denn Sie haben erkannt, dass die Gaben Gottes das Einzige sind, was Ihnen dauerhaft Glück und Frieden gibt. Und das Beste an der Geschichte ist:

Die Gaben Gottes sind bereits die Ihren!

Sie brauchen Sie nicht zu verdienen und Sie brauchen sich nicht zu verändern, um sie zu erhalten. Sie brauchen nur Ja zu sagen, dann strömen sie Ihnen aus allen Richtungen zu. Deswegen wurden Sie geboren und deswegen haben Sie dieses Buch in die Hand genommen. Der Himmel tut sich vor Ihnen auf und bietet Ihnen an, wonach Sie sich immer gesehnt haben. Sie brauchen nur Ihr Herz zu öffnen und diese Segnungen durch Sie selbst hindurch zu allen fließen zu lassen, denen Sie begegnen. Es ist der einzige Weg, um sicher zu sein, dass dieser Fluss niemals endet.

Sagen Sie Ja und machen Sie sich an die großartige Aufgabe, die vor Ihnen liegt. Die Tore des Himmels stehen weit offen. Es ist Zeit, dass Sie mit offenem und dankbarem Herzen hindurchschreiten.

ANHANG

SCHNELLKURS IN MANIFESTATION

Die englische Originalausgabe dieses Buches trägt den Untertitel *The Most Powerful Manifestation Tool in the History of the World* (wörtlich übersetzt: »Das machtvollste Manifestationsinstrument in der Weltgeschichte«). Ich möchte hinzufügen, dass ich wirklich glaube, dass der Moses-Code die machtvollste Technik darstellt, die mir je begegnet ist. Warum? Weil ich unmittelbar die transformative Kraft erfahren habe, die sich aus der Kombination des Namens Gottes mit anderen Manifestationstechniken ergibt. Doch ich will nicht behaupten, dass nicht auch andere Übungen ihren Platz haben, und deshalb füge ich diesen Teil des Buches hinzu. Damit der Moses-Code wirklich effektiv ist, hilft es, die grundlegenden Elemente des Erschaffens zu verstehen.

Im Jahr 2006 haben sich weltweit Millionen Menschen von der Dokumentation *The Secret* begeistern lassen, die auf einer sehr grundlegenden Ebene das Gesetz der Anziehung erläutert. Auch ich war sehr davon angetan und habe einige der dort beschriebenen Übungen meiner eigenen Praxis hinzugefügt. Doch zwei Aspekte des Films machten mir Sorgen:

Zum einen schien sich der Film fast vollständig damit zu befassen, wie man mithilfe des Gesetzes der Anziehung all die

Dinge bekommen kann, von denen man meint, dass sie einen glücklicher oder zufriedener machen würden. Wenn Sie mit Ihrem Auto unzufrieden sind, können Sie mithilfe dieser Techniken ein besseres bekommen. Wenn Sie Ihr Haus nicht mögen, können Sie sich eines manifestieren, das Ihre Träume erfüllt. Das klingt ganz gut, aber es gibt ein paar wichtige Elemente, um nicht zu sagen tiefere Geheimnisse, die mir dabei zu fehlen scheinen.

Zum anderen stellte der Film den Prozess der Manifestation zu simpel dar und erläuterte nicht die heiklen Elemente, die oft über Erfolg oder Misserfolg entscheiden. Ich hörte immer wieder von Leuten, welche die Techniken und Übungen befolgten und erwarteten, dass sich dadurch alles in ihrem Leben verändern würde. Bei manchen funktionierte das auch, aber bei vielen nicht. Leider beschlossen dann einige der Letzteren, den ganzen Prozess für unsinnig zu erklären, und kehrten zu ihrem Leben als Opfer zurück.

Eines Tages sprach ich darüber mit meiner Freundin Debbie Ford. Sie hat viele bekannte spirituelle Bücher verfasst, darunter *Die dunkle Seite der Lichtjäger*. Sie hatte einen ähnlichen Eindruck wie ich und viele andere spirituelle Lehrerinnen und Lehrer, die ich kenne, und sie dachte darüber nach, wie man das Gesetz der Anziehung und die Möglichkeit, es für unser Leben zu nutzen, vollständiger darstellen könnte. Wir fragten ein paar Freunde und sprachen in einer Reihe von Konferenzschaltungen gemeinsam darüber, wie man die Kunst der Manifestation mehr zum *Geben* und weniger zum *Habenwollen* einsetzen kann. Ich bin ein großer Anhänger des Wegs des Dienens und weiß mit Sicherheit, dass der Versuch, die endlosen Bedürfnisse des Egos zu befriedigen, nur zu Enttäuschungen führt. Leider müssen meine Kollegen und ich immer wieder mit ansehen, wie Menschen die Lehren aus *The Secret* anzuwenden versuchen und bitter enttäuscht werden.

Diese Konferenzschaltungen nannten wir *Die Anwendung von The Secret zur Erschaffung von Frieden*. Außer mir nahmen daran Neale Donald Walsch, Michael Beckwith, Jean Houston, James Ray und Debbie Ford teil. Ich fand es gar nicht überraschend, dass mehr als 13 000 Leute aus aller Welt mithörten und an diesem wichtigen Gespräch teilnahmen. Es gab offensichtlich sehr viele Menschen, die bereit waren, den nächsten Schritt zu machen.

Ich schreibe hier zwar ganz ehrlich über meine Bedenken, was den Fokus von *The Secret* betrifft, aber ich möchte auch betonen, dass der Film für viele Zuschauer gewiss ein ganz wichtiger Impuls war. Die Erkenntnis, dass wir alles erschaffen, was wir erleben – egal wie positiv oder negativ es zu sein scheint –, ist der erste Schritt zu spiritueller Meisterschaft. Doch er ist eben nur der Anfang. Wir sollten nicht meinen, schon auf der Hochschule zu sein, wenn wir gerade mal in die 1. Klasse gehen. Uns wurde immer deutlicher, dass wir eine andere, umfassendere Darstellung des Gesetzes der Anziehung brauchten.

Eine Woche nach den Konferenzschaltungen rief Debbie mich an und erzählte mir von einer interessanten Idee. Sie fragte mich, ob ich bereit wäre, mit ihr an einem neuen Film zu arbeiten: Er sollte den Menschen helfen, die von *The Secret* enttäuscht waren. Debbie wusste nicht, dass ich einige Monate zuvor beschlossen hatte, aus dem Filmgeschäft auszusteigen. Die Energie, die ich für die Produktion oder Regie von drei Filmen (darunter *Indigo*, einen Film über spirituell bewusste Kinder) aufgewandt hatte, war einfach überwältigend gewesen. Doch zu meinem Glück blieb sie hartnäckig und schaffte es schließlich, mich zu überzeugen, dass die Menschheit dieses Thema auch aus einem anderen Blickwinkel sehen sollte.

Wir zogen verschiedene Perspektiven in Erwägung und loteten die Möglichkeiten aus, mit anderen erfolgreichen Filmemachern zusammenzuarbeiten, doch am Ende hatte ich das Gefühl, dass im Moses-Code alles enthalten war, was ich zum Ausdruck bringen wollte. Ich war bereits seit einer Weile mit dem Schreiben dieses Buches befasst und beschloss, aus dem Material ein gutes Buch zu machen, das von einem überzeugenden Film unterstützt wird.

Bei beiden Projekten ging es mir darum, sowohl meine Erlebnisse mit dem Moses-Code zu verbreiten als auch die grundlegenden Elemente des Manifestationsprozesses zu erläutern. Zusammengenommen bilden sie eine Energie, die mehr Potenzial enthält als alles, was ich bislang erfahren habe. Der nächste Abschnitt dieses Anhangs wird sich mit diesen Techniken befassen: mit den Rahmenbedingungen für das Wirken des Gesetzes der Anziehung. Nutzen Sie davon, was Ihnen sinnvoll erscheint, und lassen Sie weg, womit Sie nichts anfangen können. Letztendlich sind Sie es, der entscheidet, und Ihre Bereitschaft, Ihre Verbindung zu Ihrem eigenen heiligen Selbst zu aktivieren, ist das Einzige, was Sie für den Erfolg brauchen.

Die meisten Menschen, die versuchen, das Gesetz der Anziehung anzuwenden und damit nicht zurechtkommen, sind sich der Probleme nicht bewusst, die ihre Fähigkeit, ihre Wünsche zu manifestieren, behindern. Meistens haben sie nicht die Arbeit geleistet, die notwendig ist, um deutlich anzuziehen, was sie zu wollen meinen. Ich sage »zu wollen meinen«, weil die Technik unabhängig von ihren Überzeugungen bestens funktioniert.

Menschen sind komplexe Wesen, und leider gibt es für komplizierte Probleme nur selten eindimensionale Lösungen. Die meisten der heutzutage verbreiteten Manifestationstechniken sind gut und können viel bewirken, wenn sie auf einer soliden Grundlage aufgebaut werden. Eine Liste von Affirmationen aufzustellen und sie ständig zu wiederholen ist eine kraftvolle Technik – aber wenn Sie jenseits Ihres bewussten Denkens meinen, Sie hätten nichts verdient, nutzt es wenig, zu sagen: *Ich bin ein Wesen der Fülle.*

Es gibt viele gute Programme, mit denen Sie diese Probleme angemessen und effektiv angehen können; deswegen werde ich an dieser Stelle nicht weiter darauf eingehen. Ein Vorgehen, das ich dazu jedoch sehr empfehlen kann, ist *The Shadow Process,* ein Retreat, das Debbie Ford anbietet. Ich habe selbst an Debbies Workshop teilgenommen und kann ehrlich sagen, dass es mein Leben verändert hat. Ich habe dort Techniken kennengelernt, mit deren Hilfe ich mit den Schatten umgehen kann, die meine Fähigkeit, das Gewünschte anzuziehen, stark behindert haben. Wer mehr darüber wissen möchte, sollte zu einem von Debbies Seminaren gehen, eines ihrer Bücher lesen oder sich auf ihrer Internetseite informieren (www.debbieford.com).

Ich möchte an dieser Stelle nur erklären, dass diese Art von Arbeit essenziell wichtig ist, wenn Sie echte Segnungen in Ihr Leben holen wollen. Der Moses-Code ist machtvoll, doch Sie haben die Macht Gottes in sich. Sie kann Ihnen nicht genommen werden. Ihr Wunsch, bewusst oder unbewusst, ist dem

Universum Befehl. Es gibt Ihnen alles, worum Sie bitten. Deshalb ist es so wichtig, dass Sie genau wissen, *worum* Sie bitten. Sonst praktizieren Sie diese Techniken und holen sich lauter Dinge in Ihr Leben, die Sie nicht zu wollen meinen, und dann wird behauptet, die Technik funktioniere nicht. Sie funktioniert – immer!

Jetzt ist es Zeit, an die Arbeit zu gehen, damit sich erfüllen kann, wonach sich Ihre Seele – nicht Ihr Ego – schon immer gesehnt hat.

10 SCHLÜSSEL ZUR MANIFESTATION ALLER WÜNSCHE

1. Sei klar
2. Sei offen
3. Sei bereitwillig
4. Sei fröhlich
5. Sei fokussiert
6. Sei erwartungsvoll
7. Sei begeistert
8. Sei positiv
9. Sei aufrichtig
10. Sei dankbar

Dies sind einige der wesentlichen Aspekte, die Ihnen helfen, das Gewünschte in Ihr Leben zu ziehen. Sie haben vielleicht bemerkt, dass jede Position mit »Sei« anfängt. Das weist darauf hin, dass es weniger darum geht, etwas Bestimmtes zu *tun*, als auf bestimmte Weise zu *sein*.

> »*Sei die Veränderung, die du in der Welt sehen willst.*«
> (GANDHI)

Wie oft haben wir schon über all die Dinge gesprochen, die wir gerne hätten oder an die wir glauben, und sind doch in der Tiefe unserer selbst nicht bereit, die Qualitäten zu integrieren, die dazu notwendig wären. Worte sind Schall und Rauch, wenn sich ihre Bedeutung nicht in unserem Leben widerspiegelt. Franz von Assisi sagte einst: »Predigt immer das Evangelium – wenn es sein muss, auch mit Worten.« Die Worte, die wir verwenden, sind also das Sekundäre; das Primäre ist die Art, wie wir leben.

Sind Sie je Leuten begegnet, die so viel Richtiges sagten, aber es fühlte sich irgendwie hohl an? Wir scheinen eine Art Sensor in uns zu tragen: Er nimmt Details wahr, die unser Verstand nicht erfassen kann.

Und dann gibt es jene, die wenig sagen. In ihrer Gegenwart fühlt man sich jedoch rundum wohl. Sie haben die *Kunst des Seins* gemeistert – das wesentliche Element zur Manifestation von allem, was man sich nur wünschen kann.

Diese 10 Schlüssel zur Manifestation aller Wünsche sind die Richtlinienen – Sie können noch Ihre eigenen hinzufügen. Sie stehen in keiner besonderen Reihenfolge, denn jeder erfährt sie anders. Lesen Sie sie durch und finden Sie Ihren eigenen Weg, sie in Ihr Leben zu integrieren. Versuchen Sie vor allem, sie nicht allzu sehr zu analysieren, sondern sie vielmehr im Alltag zu verwirklichen. Wir meinen oft, dass es die außergewöhnlichen Ereignisse seien, die unser Leben bestimmen, doch eigentlich sind es die alltäglichen Situationen, in denen wir am meisten lernen können.

1. Sei klar

Sie kennen sicher den Spruch »Pass auf, worum du bittest, du könntest es bekommen«. Waren Sie je in der Situation, dass Sie etwas wollten und all Ihre Energie dafür aufwendeten, es zu bekommen – doch dann stellten sie fest, dass es gar nicht das war, was Sie wirklich wollten? Vielleicht haben Sie es auch schon erlebt, dass Sie sich nicht genug auf ein ganz bestimmtes Ziel konzentrierten und am Ende etwas angezogen haben, das nicht völlig mit der ursprünglichen Absicht übereinstimmte.

Für die Manifestation des Gewünschten ist Klarheit von größter Bedeutung. Wenn Ihr Denken nicht klar ist, weiß das Universum bzw. Gott nicht, was es/er Ihnen geben soll. Wenn Sie sich über etwas klar geworden sind, was Sie wollen (denken Sie daran, dass Sie niemals etwas für jemand anderen manifestieren sollten!), schreiben Sie alle Details auf, alle Qualitäten und alle dazugehörenden Eigenschaften. Schauen Sie sich die Liste oft an und ergänzen Sie sie. Konzentrieren Sie sich möglichst klar auf die Einzelheiten und stellen Sie sie sich innerlich vor. Gott liebt klare Gedanken, während das Ego alles liebt, was verwirrt und verschwommen ist.

Klarheit bedeutet auch Schlichtheit. Je einfacher Sie die Einzelheiten halten, desto präziser wird Ihr Schuss ins Ziel treffen. Machen Sie es nicht zu kompliziert, sondern lassen Sie es sich so direkt und eindeutig offenbaren wie möglich. Wenn es Ihnen klar ist, ist es auch Gott klar, und der Weg zu Ihrem Ziel wird offenstehen.

2. Sei offen

Ihr Verstand ist wie ein Fallschirm: Er funktioniert am besten, wenn er offen ist. Diese Logik lässt sich kaum widerlegen. Ein verschlossener Verstand nutzt niemandem, weil er immer meint, schon zu wissen, wo es langgeht, und dabei viele Gelegenheiten verpasst. Offen zu bleiben, während Sie auf ein bestimmtes Ziel oder Ergebnis fixiert sind, mag nicht so einfach sein, aber es ist für die Manifestation Ihrer Träume von wesentlicher Bedeutung.

Gleichzeitig klar und offen zu sein erscheint vielleicht zunächst als Widerspruch. Erst wurden Sie aufgefordert, genau zu definieren, was Sie manifestieren wollen, und dann, offen zu sein für alles, was Ihnen das Universum über den Weg schickt, was Ihr Ziel bestärken oder klären könnte. Tatsächlich unterstützen diese beiden Qualitäten einander. Sobald Sie Ihr erwünschtes Ziel eindeutig beschrieben und Ihren Verstand darauf ausgerichtet haben, öffnen Sie sich für alle möglichen Variationen des Themas. Es ist, als erklärten Sie dem Universum: »Dies oder mehr.«

Offen sein ist das Gleiche wie Hingabe – eine dem Ego ungewohnte Erfahrung, die der Seele jedoch sehr vertraut ist. Für das Ego ist Hingabe das Gleiche wie Versagen, doch für die Seele ist es der erste Schritt zum großen Sieg. So zeigen Sie Gott, dass Sie bereit sind, sich einer höheren Vision anzuvertrauen. So passen Offenheit und Klarheit zusammen wie liebevolle Geschwister, die sich zwar unterscheiden, die aber niemals ohne einander leben wollten.

3. Sei bereitwillig

Ihre Bereitschaft, zu beobachten, aufzunehmen und dann alles freizusetzen, was Ihnen in den Sinn kommt, wird bestimmen, wie leicht alles in Ihr Leben fließt. Fangen Sie damit an, zu beobachten, was Sie sich wünschen:

- Ist es etwas, das nicht nur Ihren eigenen Interessen dient? Ist es auch zum Wohl der Menschheit und der ganzen Welt? Wenn es nur Ihren eigenen Appetit stillt, dann ist es nicht der Mühe wert, weil es Sie nicht lehren wird, dass alles, was Sie einem anderen geben, bereits in Ihnen ist.
- Ist es etwas, das Sie sowohl mit Ihrem Herzen als auch mit Ihrem Verstand aufnehmen können? Es ist wichtig, dass Sie jenes, was Sie empfangen wollen, auch *fühlen* können, denn die höheren Dinge, nach denen sie eigentlich streben, kann Ihr Verstand alleine nicht erfassen. Ein neues Auto ist eine wundervolle Sache und etwas, das Sie auf jeden Fall manifestieren und genießen können, aber inspiriert es wirklich Ihr Herz? Inspiriert es die Herzen anderer? Sie können so viel aufnehmen. Nur zu!
- Sind Sie in der Lage, Ihr Ziel loszulassen und dann zu vertrauen, dass es ganz natürlich und leicht zu Ihnen kommen wird? Wenn nicht, versuchen Sie vielleicht etwas zu erzwingen, was niemals Ihres war. Widerstehen Sie dem Drang Ihres Egos, die Führung übernehmen zu wollen, und lassen Sie es zu, dass Gott Ihnen alles gibt, was Ihnen bereits gehört.

4. Sei fröhlich

Dieser Punkt kann gar nicht genug betont werden. Wie Sie bereits gelesen haben, will Gott für Sie nur vollkommene Freude. *Vollkommene Freude!* Das bedeutet ein Ausmaß an Fröhlichkeit, das weder die Welt noch das Ego je verstehen können, nach dem das Herz jedoch immer strebt. Dies ist es, wonach Sie sich wahrhaftig sehnen, denn diese Freude verbindet Himmel und Erde. Akzeptieren Sie das, dann werden Sie für andere, die dieser Gabe ebenso würdig sind, zu einem Vorbild. Je mehr Sie erkennen und akzeptieren, dass Sie vollkommene Freude verdient haben, desto mehr werden Sie zu der Art von Lehrer oder Lehrerin, die diese Welt dringend braucht. Dann sind Sie ein Beispiel für das Einzige, was jeden von uns erfüllt.

Erscheint Ihnen Freude als eine Kleinigkeit? Nur zu oft geben wir sie auf, um die Dinge zu bekommen, nach denen unser Ego strebt, und vernachlässigen die einfachen Sachen, die uns tiefer erfüllen könnten. Das hat meistens viel damit zu tun, wie wir von anderen wahrgenommen werden. Einem hungernden Menschen etwas zu essen zu geben befriedigt Sie vielleicht viel mehr als ein raffiniertes Menü in einem hochkarätigen Restaurant. Einem Obdachlosen zu helfen erfreut Sie vielleicht mehr, als Ihr Haus zu verschönern. Ihre Seele strebt nicht nach Dingen, die Ihr Selbstwertgefühl aufpumpen. Sie ist nur glücklich, wenn Sie Ihre Gaben mit anderen teilen. Dann erweitert sich Ihr Selbstwertgefühl auf eine Weise, die dem Verstand immer verschlossen bleiben wird.

5. Sei fokussiert

Bleiben Sie mehr auf das fokussiert, was hinter dem Ziel steht, als auf das Ziel selbst. Fragen Sie sich: Warum strebe ich überhaupt danach? Welche Motivation treibt mich an, die ich mir noch nicht angeschaut habe? Angenommen, Sie sind darauf konzentriert, ein neues Zuhause anzuziehen. Welches Bedürfnis steckt dahinter, welcher Wunsch motiviert Sie dazu? Vielleicht fühlen Sie sich in ihrer jetzigen Wohnlage nicht sicher oder es ist Ihnen zu eng. Konzentrieren Sie sich einen Moment lang auf den Gedanken, spüren Sie nach und fragen Sie sich dann nach dem Grund. Sobald Sie eine Antwort gefunden haben, konzentrieren Sie sich darauf, das zu erfüllen, was tief in Ihrem Herzen liegt. Dann wird das perfekte Zuhause für Sie ganz von allein erscheinen. Vielleicht ist es nicht so, wie Sie es sich zunächst vorgestellt haben; vielleicht ist es einfacher oder kleiner, als Sie es sich ausgesucht hätten. Trotzdem werden Sie damit auf eine Weise Zufriedenheit finden, die in einem großartigeren Haus nicht möglich gewesen wäre, denn Sie haben sich auf Ihr inneres Selbst eingelassen und das tiefere Sehnen Ihrer Seele erfüllt.

Unter Fokus verstehen wir in der Regel etwas Geradliniges, Feststehendes. Ich schlage Ihnen jedoch vor, dabei eher an etwas Flüssiges, Fließendes zu denken. Wenn Sie erkannt haben, dass Ihr Verstand nicht immer weiß, was am besten für Sie ist, und dass eine unflexible gedankliche Haltung unter Umständen zu einem Ergebnis führt, das nicht Ihrem höchsten Wohl dient, dann werden die Vorzüge eines fließenden Fokus sichtbar. Vertrauen Sie darauf, dass Ihr Herz über diese Dinge mehr weiß als Ihr Verstand, und lassen Sie sich von einem sanften Fokus führen.

6. Sei erwartungsvoll

Erwarten Sie immer das Beste! Bestätigen Sie sich immer wieder, dass alles, was Sie sich wünschen, leicht und natürlich seinen Weg zu Ihnen findet. Denken Sie daran: Die Energie geht dahin, wo die Aufmerksamkeit ist. Wenn Sie auf die Erschaffung von etwas konzentriert sind, aber Ihre Gedanken immer wieder mit Versagensängsten beschäftigt sind, werden Sie das Versagen anziehen. Genau wie Wasser strömt die Energie immer zum tiefsten Punkt. Versuchen Sie, sich Ihrer tieferen Gedanken und Impulse bewusst zu werden, und senden Sie ihnen Liebe, wenn nötig. Liebe zu fokussieren bedeutet in der Regel, offen, verständnisvoll und unkritisch zu sein. Sie werden entdecken, dass Sie Ihre Zweifel besser mit Liebe besänftigen können als mit Kritik. Negative Aufmerksamkeit verstärkt nur die Muster, welche die Blockade erzeugt haben, während liebevolle Güte alles auflöst, was sich ihr in den Weg stellt.

Wir kennen alle den Spruch: »Erwarte ein Wunder.« Das ist ein guter Rat, denn Sie werden immer das bekommen, was Sie wirklich erwarten. Der Trick besteht darin, die Impulse aufzudecken, die bestimmen, worum Sie *wirklich* bitten – nicht nur das, was Sie an der Oberfläche wollen. Dann werden Sie mit klarem Verstand und offenem Herzen auf Ihr Ziel zugehen können. In der Kunst der Manifestation ist dies die wichtigste Lektion: Gott gibt uns immer, worum wir gebeten haben. Hören Sie also auf, um das zu bitten, was Sie *nicht* wollen, und erwarten Sie, was Sie sich wirklich ersehnen. Das ist das Kennzeichen wahrer Meisterschaft.

7. Sei begeistert

Je stärker der Impuls ist, desto energiegeladener ist die Antwort. Normalerweise steigt unsere Energie an, wenn wir um etwas bitten, wonach sich unsere Seele wirklich sehnt. Angenommen, Sie haben Ihre Aufmerksamkeit darauf gerichtet, einen neuen Wagen zu manifestieren. Manche Menschen haben bei der Autowahl ganz besondere Vorlieben, aber die meisten folgen einfach den jeweiligen Trends. Steht der Wunsch nach einem neuen Auto wirklich im Einklang mit den Bedürfnissen Ihrer Seele? Was könnte Sie noch mehr inspirieren? Vielleicht wollten Sie schon immer mal reisen, aber Sie hatten nie die Gelegenheit, oder Sie würden gerne etwas Bestimmtes lernen, trauen es sich jedoch nicht recht zu. Eine Weltreise würde wahrscheinlich mehr positive Energie erzeugen als ein Auto; das Gleiche gilt für Malkurse oder andere Fortbildungen. Lassen Sie sich von Ihrer Leidenschaft leiten, und die dazu notwendige Energie wird sich einstellen.

Begeisterung ist ansteckend. Wenn Sie Ihren Freunden davon erzählen, was Sie in Ihr Leben holen wollen, ohne dass echter Schwung dahinter ist, können sie Ihnen schwer helfen. Wenn sie sich jedoch von Ihrer Vision inspiriert fühlen, wird wahrscheinlich zweierlei geschehen: Zum einen werden sie ebenfalls begeistert sein und so Ihre Energie stärken; zum anderen werden sie durch Ihre Energie positiv beeinflusst, vielleicht selbst loszugehen und etwas zu unternehmen, das ihr eigenes Leben inspiriert. Es geht darum, dem Herzen zu folgen und nicht dem Verstand. Ihr Herz weiß immer besser, womit der Himmel Ihr Leben gerade bereichern will.

8. Sei positiv

Dieser Punkt ist von absoluter Notwendigkeit. Wenn Sie zu dem, was Sie anziehen wollen, eine negative Einstellung haben, wird das Universum es dahingehend interpretieren, dass Sie es nicht wollen. Fazit: Sie werden Ihr Ziel nicht erreichen.

Das Problem ist, dass diese Energie manchmal schwer zu erkennen ist. Sie versteckt sich in Ihrem Bewusstsein und entzieht sich dem Zugriff des Verstands, denn die Blockaden Ihrer Positivität sind oft irrational, auch wenn sie im Gewand der optimistischsten Person daherkommen. Erinnern Sie sich daran, dass jeder Gedanke und jedes Ziel einen Gedanken hat, der vorausgegangen ist, und diesem ist wieder ein Gedanke vorausgegangen und so weiter. Die Gedanken, die Sie an der Oberfläche wahrnehmen, entsprechen also nicht unbedingt dem, was tief in Ihnen vor sich geht. Die Energie folgt jedoch immer der stärksten Kraft.

Es geht nicht darum, die Sache furchtbar kompliziert zu machen und zu glauben, dass Sie nun Schicht um Schicht die Überzeugungen auflösen müssten, die bislang Ihr Leben bestimmt haben. Seien Sie einfach bereit, hinzuschauen, und segnen Sie sie. Manchmal brauchen diese negativen Überzeugungen einfach ein wenig Ihre Anerkennung, um dann ihrer Wege zu ziehen. Solange Sie sich ihrer bewusst sind, können Sie sich schnell und effektiv darum kümmern. Und dann können Sie zum nächsten Schritt übergehen.

9. Sei aufrichtig

Dieser Punkt schließt da an, wo der vorhergehende aufgehört hat. Denken Sie daran, dass das Universum Ihnen immer genau das gibt, was Sie wirklich wollen. Doch wenn Sie sich unklar sind, was Sie wollen, weiß das Universum auch nicht, was es Ihnen geben soll. Die meisten dieser Punkte helfen Ihnen, klarer zu werden – und dann klar zu manifestieren.

Viele Menschen meinen, dass sie nur einer bestimmten Reihe von Anweisungen folgen müssten, dann käme alles einfach auf sie zu. In der Theorie ist das richtig. Die meisten Menschen haben allerdings nicht die innere Arbeit geleistet, welche die Voraussetzung für den erfolgreichen Prozess ist: Sie arbeiten die Anweisungen ab – und dann funktioniert es nicht. Manche beschließen dann, dass sie wohl nicht die Fähigkeit haben wie andere, das Gewünschte in ihr Leben zu ziehen. Das ist schade, denn jeder von uns verfügt über diese Gabe in gleicher Weise, denn wir wurden alle von demselben Gott erschaffen. Der einzige Unterschied ist, dass manche Menschen ihre innere Arbeit erledigt haben und andere nicht. Aufrichtig zu sein bedeutet zuerst, sich selbst gegenüber aufrichtig zu sein. Dieses Geschenk kann Ihnen niemand geben außer ... – ja, wer wohl?

Sie müssen ehrlich zu sich selbst sein. Es gibt dafür keinen Ersatz und niemand kann es Ihnen abnehmen. Sie können alles richtig machen, was hier beschrieben wurde, aber wenn Sie nicht bereit sind, sich selbst gegenüber ehrlich zu sein, werden Sie nur etwas anziehen, das Ihrem höchsten Wohl nicht dienlich ist. Bitte beachten Sie, dass ich nicht gesagt habe: Sie werden es nicht schaffen. Versagen ist in diesem Prozess unmöglich. Die einzig interessante Frage, die Sie sich stellen müssen, ist: *Wie kann ich das in mein Leben holen, wonach sich meine Seele sehnt?* Die Antwort lautet: Tun Sie immer die Arbeit, die notwendig ist, um die einschränkenden Überzeugungen aufzulösen, die Sie blockieren. Dann wird alles, was Sie wirklich wollen, auf natürliche Weise zu Ihnen kommen, einfach weil Sie sich selbst gegenüber ehrlich sind und sich bereitwillig jene verborgenen Wünsche anschauen, die Sie zuvor nicht gesehen haben.

10. Sei dankbar

Dankbarkeit ist der vielleicht wichtigste Schlüssel zur Manifestation von allem, was Sie sich wünschen. Sie ist die aktivierende Kraft, der sich Gott nicht verschließen kann. Das Universum verneigt sich vor jedem Herzen, das von göttlicher Wertschätzung erfüllt ist. Und bei Ihnen ist es genauso. Wenn Ihnen jemand für eine kleine Freundlichkeit dankbar ist, die Sie ihm erwiesen haben, dann geben Sie gerne mehr. Wenn Sie dagegen auf Undankbarkeit stoßen, fühlen Sie sich gekränkt oder sind zumindest weniger geneigt, wieder etwas zu geben, weil Ihre Gabe nicht hoch geschätzt zu werden scheint.

Das Universum funktioniert ganz ähnlich. Seien Sie also für jedes Geschenk des Himmels dankbar, egal wie klein oder groß es ist. Gott unterscheidet nicht zwischen großen und kleinen Gaben – sie sind ihm alle gleich, weil sie alle aus demselben Herzen geschenkt werden. Seien Sie auch für Ihre Fehlschläge dankbar. Aus schwierigen Situationen lernen wir in der Regel mehr als aus leichten Siegen. Sobald die Lektion gelernt ist, können wir weitergehen und den gleichen Fehler in Zukunft vermeiden – einfach indem wir auf eine Weise dankbar sind, die alle Logik übersteigt.

10 Hindernisse der Manifestation aller Wünsche

1. Nicht wert
2. Nicht bereit
3. Nicht klar
4. Nicht begeistert
5. Nicht offen
6. Nicht gesund
7. Nicht willig
8. Nicht vorbereitet
9. Nicht hilfsbereit
10. Nicht realistisch

1. Nicht wert

Jeder hat sich in seinem Leben schon mal der guten Dinge unwert gefühlt. Vielleicht hat eine schwierige Kindheit oder eine traumatische Erfahrung zu solchen einschränkenden Überzeugungen geführt. Manchmal meinen wir, diese Überzeugungen seien in Stein gemeißelt und ließen sich niemals überwinden. Doch das Gegenteil ist der Fall.

Sie haben die Chance, neu geboren zu werden und einen

Neuanfang zu wagen. Der erste Schritt besteht darin, zu wissen, dass es möglich ist, und sich dann auf diese Chance einzulassen. Sind Sie bereit? Wenn Sie Ja sagen, erwartet Sie eine ganz neue Welt.

Sie sind jedes Geschenk wert, das Sie sich wünschen, und zwar aus einem einfachen Grund: *In diesem und in jedem Augenblick sind Sie das vollkommene Kind Gottes.* Da Sie dieses Buch lesen, bedeutet das, dass Sie zumindest auf irgendeine Weise an die universelle Macht glauben, die wir auch Gott nennen. Es spielt keine Rolle, wie Sie Ihren Glauben praktizieren, doch das Wissen, dass es eine Macht jenseits Ihrer eigenen beschränkten Fähigkeiten gibt, ist essenziell, um die Muster loszulassen, die Ihr Leben bislang kontrolliert haben.

Ich glaube, dass Gott jeden von uns als ganz und vollkommen erachtet, egal was wir getan haben oder tun werden. Gott liebt uns so, wie wir jetzt sind. Wenn das stimmt, haben all die furchtbaren Dinge, die Sie in der Vergangenheit getan haben, keine Bedeutung. Es waren einfach Erfahrungen, die Sie an diesen Punkt gebracht haben, und hier und jetzt können Sie eine neue Vision annehmen: die Sichtweise Gottes, die es Ihnen erlaubt, alles in Ihr Leben zu holen, was eines vollkommenen Kindes Gottes würdig ist. Dann werden Sie sich selbst so sehen, wie Gott Sie sieht, und wissen, dass Sie all der Dinge, die Sie sich bislang versagt haben, absolut wert und würdig sind.

2. Nicht bereit

Im vorherigen Abschnitt habe ich Sie gefragt, ob Sie meinen, für die Gaben, die Sie verdient haben, bereit zu sein. Ich hoffe, dass Sie Ja gesagt haben: Ihr Einverständnis bildet die Basis dafür, dass Sie alles annehmen, was bereits Ihnen gehört. Was bedeutet das?

Wie ich schon oft erklärt habe, haben Sie all die Dinge, nach denen Sie sich wirklich sehnen, bereits in sich. Das Ego strebt danach, die Dinge zu *bekommen,* die es als außerhalb von sich sieht, um sich ein längeres Leben zu sichern, während Ihre Seele die Dinge *geben* möchte, die Sie wahrhaft ersehnen, um dadurch zu erkennen, dass sie bereits in Ihnen sind.

Um welche Gaben handelt es sich dabei? Eine Gabe, über die wir uns wahrscheinlich alle einig sind, ist die Liebe. Wir alle sehnen uns danach, sie in sämtlichen Bereichen unseres Lebens zu erleben. Wir wollen geliebt werden: von unseren Kindern, Partnern, Freunden, selbst von Leuten, die wir kaum kennen. Wir sehnen uns danach, weil wir endlich glauben wollen, dass wir liebenswert sind.

Das meiste, nach dem das Ego strebt, soll Sie daher liebenswerter erscheinen lassen. Warum? Weil das Ego Sie anders sieht, als Gott Sie sieht. In Gottes Augen sind Sie aller Liebe wert, egal was Sie denken, sagen oder tun. Ihr Ego kann das jedoch nicht annehmen. Selbst wenn Sie sich bewiesen haben, dass Sie liebenswert sind, zweifelt es daran, dass es von Dauer sein wird. Gleich um die Ecke lauert sicher der nächste Beweis dafür, dass Sie es nicht verdienen, geliebt zu werden. Ihr Ego entwickelt daher eine ausgefeilte Scharade, um anderen zu zeigen, dass seine negative Sicht von Ihnen nicht wahr ist. Es fängt an, *Dinge* um Sie herum anzuhäufen, die zur Täuschung der anderen beitragen sollen. Wenn Sie das richtige Auto, ein großes Haus oder irgendetwas anderes haben, was es vorschlägt, dann werden Sie der Aufmerksamkeit von Leuten würdig sein, die viel wundervoller sind als Sie.

Gott sieht das alles ganz anders. Es gibt nichts, was Sie ansammeln könnten und was die Wahrheit verändern könnte. Gott betrachtet Sie als heilig, und das Einzige, was eines Heiligen würdig ist, ist die reine Liebe. Daher breitet Gott bei jedem Ihrer Schritte seine Liebe um Sie aus, doch sie kann erst wirksam werden, wenn Sie sie annehmen. Sie stehen jetzt vor der Herausforderung, entweder der einen Stimme zu glauben oder der anderen.

Jesus hat gesagt: »Niemand kann zwei Herren dienen.« (Mattäus 6,24) Genauso wenig können Sie zwei unterschiedlichen Stimmen vertrauen – vor allem dann nicht, wenn sie sich komplett widersprechen. Entweder Sie sind heilig oder Sie sind minderwertig. Wofür entscheiden Sie sich? Wenn Sie die Heiligkeit wählen und der Liebe wert sind, werden Sie aufgefordert, diese Gabe an andere weiterzugeben, denn dann können Sie sie auch in sich selbst annehmen. Nur wenn Sie sich in der Welt wie Gott verhalten, indem Sie anderen geben, was sie verdient haben, werden Sie entdecken, dass alle diese Gaben immer in Ihnen waren. Ja, sie waren verborgen, vielleicht sogar vergessen, aber sie haben Sie nie verlassen. Durch diesen Akt des Dienens entdecken Sie die Wahrheit dessen, was Sie sind, und erkennen dabei, dass Sie für alles bereit sind.

3. Nicht klar

Die Verwirklichung der Träume Ihres Herzens wird auch blockiert, wenn Sie im Unklaren sind, was Sie eigentlich wollen. Wie gesagt, Sie können sich durchaus darüber klar sein, was Sie zu wollen *meinen*, aber wenn dann in Ihrem Leben etwas anderes auftaucht, stoßen Sie auf ein Thema, das Ihnen nicht bewusst ist.

Sie wissen bereits, dass Gott Ihnen alles gibt, worum Sie bitten. Wenn Sie wissen wollen, worum Sie eigentlich bitten, brauchen Sie sich nur Ihr Leben anzuschauen. Es ist der perfekte Spiegel, es lügt nie. Wenn Sie meinen, Sie hätten um eine perfekte Beziehung gebeten, aber immer wieder auf Menschen treffen, die Sie nicht wertschätzen, die Ihnen nicht zuhören oder dergleichen, dann haben Sie letztendlich um jemanden gebeten, der Sie nicht wertschätzt, Ihnen nicht zuhört usw.

Doch selbst das kann ein Anfang sein, um anzuziehen, was Ihrer Seele dienlich ist. Wenn wir alle Bewertungen außen vor lassen und uns klar anschauen, was geschieht, dann wird deutlich, dass Sie zwar um einen perfekten Partner gebeten haben, aber immer wieder auf Menschen treffen, die genauso unvollkommen sind wie Sie. Das könnte ein Hinweis sein. Wenn alles, was Sie wahrnehmen, letztlich ein Spiegel der Entscheidungen ist, die Sie über sich selbst treffen, dann müssen Sie Ihre Meinung von sich selbst ändern – nicht Ihre Meinung von den anderen.

Jetzt wird das Bild klarer. Wie gesagt, meistens ist innere Arbeit notwendig, um die einschränkenden Überzeugungen aufzulösen, die uns bislang zurückgehalten haben. Die Frage lautet: Wollen Sie sich weiter in diesem Licht sehen, oder sind Sie bereit, neu anzufangen? Warum fangen Sie nicht an, sich auf die Dinge zu konzentrieren, die Sie an sich selbst wirklich lieben? Wenn alles, worauf wir unseren Fokus lenken, verstärkt wird, wäre das wohl ein guter Anfang. Stellen Sie sich lebhaft die Dinge vor, die Sie anziehen möchten, und nicht das, was Sie nicht haben wollen. Es fängt an mit Klarheit, aber es wird damit enden, dass Sie das bekommen, wonach sich Ihre Seele sehnt.

4. Nicht begeistert

Ein wesentlicher Punkt bei der Manifestation dessen, was Sie wirklich wollen, ist die Begeisterung über das, was Sie sich wünschen. Je mehr Energie Sie in etwas stecken, desto mehr wird dabei herauskommen.

Wenn Sie von dem, was Sie erschaffen wollen, nicht begeistert sind, wird Sie das Universum nicht ernst nehmen. Angenommen, Sie begegnen jemandem, von dem Sie sich angezogen fühlen und mit dem Sie sich gerne verabreden würden. Ihre Begeisterung gibt dem anderen das Gefühl, etwas Besonderes zu sein, und das reicht oft schon, um ein Treffen zu vereinbaren.

Doch was passiert, wenn Sie keine Begeisterung zeigen? Dann fragen Sie Ihr Gegenüber vielleicht mit eintöniger Stimme, ob sie sich verabreden wollen. Dieser Mensch wird Sie anschauen und sich nur wundern, was das soll. Vielleicht unterstellt er Ihnen sogar andere Absichten, denn offensichtlich sind Sie nicht wirklich an seiner Person interessiert.

Im Umgang mit dem Universum ist es das Gleiche. Es ist

wichtig, hinsichtlich des Angestrebten aufrichtige Begeisterung zu entwickeln, denn das ist auch eine Form von Energie. Wir haben bereits festgestellt, dass Geben und Empfangen das Gleiche sind. Je mehr Energie Sie also geben, desto mehr wird zu Ihnen zurückkommen. Sie können nicht erwarten, etwas zu bekommen, was Sie nicht geben. Erwarten Sie also nicht, von Gott etwas zu erhalten, woran Ihnen nicht viel liegt. Begeisterung ist eine Form der Bindung. Fokussieren Sie sich also nur auf Dinge, die Sie begeistern.

5. Nicht offen

Es ist unmöglich, durch eine Tür zu gehen, die nicht offen ist. Genauso unmöglich ist es, etwas zu empfangen, wenn man nicht offen ist. Manche Blockaden, über die ich hier schreibe, mögen ziemlich klar zutage liegen, und doch sind es gerade diese, die häufig außer Acht gelassen werden. Wenn etwas offensichtlich ist, bedeutet es nicht automatisch, dass wir es auch erkennen. Vielleicht sehen wir es mit unserem Verstand, aber nicht mit unserem Herzen, das heißt, wir begreifen es nicht wirklich und sind daher nicht offen dafür.

Lassen Sie sich nicht von der Idee täuschen, dass Ihnen das alles ohnehin bekannt sei – oder noch schlimmer, dass Sie mit diesen Blockaden nichts zu tun hätten. Im Lauf der Jahre habe ich gelernt, dass ich gegen nichts immun bin. Ich tappe in die gleichen Fallen wie alle anderen auch. Es hilft mir, mich daran zu erinnern, dass ich immer weiter wachsen muss.

Nur weil ich etwas gelernt habe, heißt das nicht, dass das

Lernen vorbei sei. Die eigentliche Reise, um die es hier geht, führt nur ungefähr 30 Zentimeter weit – vom Gehirn ins Herz. Ich kann Ihnen gar nicht sagen, wie oft mein Verstand schon Lektionen bestens kapiert hatte – aber in einer entsprechenden Situation wandte ich sie dann doch nicht an. Ohne es recht zu bemerken, habe ich auch manches vergessen, das ich längst gelernt hatte. Es ist wichtig, immer wieder anzuerkennen, dass wir stets weiter wachsen und uns verbessern. Seien Sie gleichermaßen offen für Ihre Schwierigkeiten wie für Ihre Siege. Das ist der sicherste Weg, um sich zu entwickeln und das Erwünschte wirksamer anzuziehen.

6. Nicht gesund

Die folgende Frage ist einfach, doch Sie müssen sie so klar und aufrichtig wie möglich beantworten: *Erzeugt das Ziel, dass Sie anstreben, Harmonie oder Disharmonie?*

Gesundheit ist letztlich nichts anderes als Gleichgewicht und Harmonie. Wenn das Ziel, auf das Sie aus sind, Sie aus der Balance bringt und nicht Ihrem Wohlergehen dient, dann schlage ich vor, dass Sie es entweder loslassen oder es zulassen, dass sich etwas Neues herauskristallisiert, das in jeder Hinsicht der Gesundheit dient. Natürlich haben Sie die Macht, alles zu erschaffen, was Sie wollen – sowohl Heilsames und Segensreiches als auch Trennendes und Zerstörerisches.

Denken Sie jedoch auch daran: Alles, was Sie anderen tun, fügen Sie auch sich selbst zu. Mithilfe des Moses-Codes könnten Sie sogar einem anderen Menschen Schaden zufügen – aber hüten Sie sich davor! In diesem Prozess treten Sie dem Himmel ein Stück näher: Es ist wichtig, dass dieser Altar nichts anderem dient als den höchsten und reinsten Absichten. Verhalten Sie sich so, wie Gott sich verhalten würde, und verwenden Sie die Kraft des Moses-Codes, um allen, denen Sie begegnen, Wohlergehen und Heilung zuteil werden zu lassen. Dann wird es auch Ihnen zugutekommen.

7. Nicht willig

Wenn Sie nicht willig sind, sich für das Ziel, nach dem Sie streben, auch wirklich einzusetzen, dann sollten Sie es besser bleiben lassen und sich die Mühe sparen. Dies ist keine Methode für Leute, die nur ein bisschen mit dem Zauberstab wedeln oder eine Beschwörungsformel murmeln wollen, ohne Verantwortung zu übernehmen. In den meisten Fällen erfordert die Manifestation einer neuen Wirklichkeit von dem, der sie durchführen will, eine grundlegende Veränderung. Die Bereitwilligkeit zur inneren Arbeit zeigt, dass Sie bereit sind zu empfangen, statt nur dazusitzen und abzuwarten. Sie müssen entschlossen sein, es zu zeigen und zu beweisen, dass Sie der Gabe wert sind.

Diese Bereitwilligkeit zeigt dem Universum, dass Sie flexibel sind und fähig, sich selbst aus den verschiedensten Perspektiven anzuschauen. Wenn Sie sich auf eine Richtung oder einen Weg festlegen, verpassen Sie die neuen Chancen, die Gott Ihnen bietet. Denken Sie daran: Wenn Sie sich auf diesen Strom der Schöpfungskraft einlassen, sind Sie Mitschöpfer des Göttlichen. Gott manifestiert mit Ihnen und als Sie, und Sie tun gut daran, sich mit dieser Kraft in Einklang zu bringen, damit Sie die göttliche Inspiration auch erkennen, wenn sie Ihnen angeboten wird.

Seien Sie willig, anzuerkennen, dass Sie jetzt vielleicht nicht den gesamten Zusammenhang überblicken können und Ihr Fokus deshalb sowohl konzentriert als auch offen für neue Möglichkeiten sein sollte. Was zunächst wie ein Zeichen der Schwäche wirken könnte, ist letztlich ein Zeichen von Weisheit und Stärke. Wenn Sie nicht bereit sind, sich anzupassen und zu wachsen, werden Ihre Manifestationen weiterhin Ihre Unbeweglichkeit widerspiegeln. Doch wenn Sie mit Demut und Anmut an die Sache herangehen, wird sie vor Ihnen aufgehen wie eine göttliche Blüte und Ihr Leben mit unvorstellbarem Duft erfüllen.

8. Nicht vorbereitet

Als Pfadfindern wurde uns beigebracht, allzeit bereit zu sein. Das war unser Motto, und es passt genauso gut für die Welt der Manifestation. Es ist wichtig, dass Sie vorbereitet sind, die Gaben zu empfangen, auf die Sie sich konzentriert haben. Es zeigt dem Universum, dass Sie es ernst meinen und bereit sind, die Basisarbeit dafür zu leisten. Wenn Sie sich darauf konzentrieren, ein neues Haus zu bekommen, ist es sinnvoll, mit einem Makler Kontakt aufzunehmen, der Ihnen helfen kann. Wenn Sie eine/n Partner/in finden wollen, der/die Liebe und Energie in Ihr Leben bringt, dann sollten Sie andere Wege finden, diese Qualitäten in Ihr Leben zu holen. Wie bereits gesagt: Energie zieht mehr Energie an – machen Sie also einen Anfang!

Unternehmen Sie die Schritte, die notwendig sind, um gut vorbereitet zu sein: Wenn Ihr Ziel bisher nicht mehr als ein Fantasiegebilde ist, holen Sie es endlich in die Wirklichkeit. Wenn Sie den perfekten Partner suchen, es aber in Ihrem Leben weder Zeit noch Raum für einen neuen Menschen gibt, dann schaffen Sie Zeit und Raum, und zwar so schnell wie möglich. Wenn Sie ein neues Zuhause manifestieren wollen, aber keinen Kredit bekommen, dann sorgen Sie dafür, dass Sie kreditwürdig werden. Dann sind Sie vorbereitet, wenn Ihnen das perfekte Haus angeboten wird.

Vorbereitet zu sein bedeutet, offen zu sein für eine neue Wirklichkeit. Wenn Sie unvorbereitet sind, kann Ihnen das Gewünschte mitten ins Gesicht springen: Es wird Ihnen nichts nützen. Wenn Sie nicht bereit sind, es anzunehmen, wird es genauso schnell wieder verschwinden, wie es aufgetaucht ist.

9. Nicht hilfsbereit

Möchten Sie die Kunst der Manifestation erlernen, dann helfen Sie erst anderen, sie zu lernen. Ist das nicht eine großartige Idee? Manchmal besteht der beste Weg, etwas wirklich zu begreifen, darin, es zu lehren. Auf mich trifft das jedenfalls zu – vielleicht haben Sie diese Erfahrung auch schon gemacht. Ich habe mein Leben lang gelehrt, Frieden zu stiften, weil ich es selbst so dringend lernen will. Ich habe festgestellt: Je mehr ich es lehre, desto besser begreife ich es. Normalerweise stellt man sich diesen Prozess umgekehrt vor, aber meine Erfahrung sagt mir, dass es funktioniert.

Einer meiner Freunde beschloss, in einer Kirche einen Kurs zum Thema Fülle abzuhalten. Ich war überrascht, denn aus meiner Sicht lebte dieser Mensch in keiner Weise in Fülle. Er verlor gerade sein Haus und musste sich Geld leihen, um über die Runden zu kommen. Ich spürte ein gewisses Urteil in mir und überlegte sogar, ob ich etwas sagen sollte, zum Beispiel dass er es doch erst mal selbst üben sollte, Fülle zu erschaffen, bevor er es anderen beibringen will.

Doch dann geschah etwas Erstaunliches: Wenige Wochen nach dem Start des Kurses begann sich die finanzielle Situation meines Freundes zu verändern. Eine Finanzierungsquelle für ein Projekt tauchte auf, an dem er seit Jahren arbeitete, und sein Geschäft begann zu florieren. Je mehr mein Freund anderen half, Fülle zu erlangen, desto mehr strömte sie auch ihm zu. Selten zuvor hatte ich so gut demonstriert bekommen, dass Geben und Empfangen das Gleiche sind.

10. Nicht realistisch

Dieses letzte Element, das Sie beim Manifestieren behindern kann, ist schwer zu erklären. Sie haben jetzt so oft gehört, dass Sie alles anziehen können, was Sie sich nur ausmalen können – und das stimmt auch. Doch es gibt ein gewisses Element des Realitätsbezugs, das in die Gleichung einfließen muss. Wenn Sie zum Beispiel Ihre ganze Willenskraft darauf ausgerichtet haben, Fußball-Nationalspieler zu werden, aber Sie über 40 und unsportlich sind, dann sollten Sie nochmals überdenken, worum es Ihnen dabei eigentlich geht. Nicht dass Ihre Schöpfungskraft begrenzt wäre! Dennoch wäre es angebracht, zu erkennen, dass Ihre echte Motivation dann darin besteht, *zu suchen statt zu finden.*

Leider setzen wir uns manchmal Ziele, die wir nie erreichen werden, um uns zu beweisen, dass wir sie nicht wirklich verdienen. Unser Ego will sagen können:»Siehst du, ich habe dir ja gleich gesagt, dass es nicht funktioniert! Jetzt bescheide dich mal mit dem, was du hast.«

Seien Sie sich dessen bewusst, wenn Sie sich Ihre Ziele setzen. Die meisten Menschen treffen auf dieses Problem. Seien Sie also nicht überrascht, wenn Sie es auch bei sich finden. Wenn Sie sich entschieden haben, was Sie manifestieren wollen, fragen Sie sich: *Will ich das wirklich, oder gibt es etwas anderes, das meine Seele mehr befriedigen würde?* Wenn Sie sich zum Ziel setzen, ein Haus zu haben, das 3 Millionen kostet, obwohl Sie nur 50 000 im Jahr verdienen, dann sollten Sie Ihre Motivation überprüfen. Wenn es Ihnen wirklich ernst damit ist, dann fangen Sie an, Schritte zu unternehmen, damit Sie sich ein derartiges Haus leisten können. Wie gesagt: Nichts ist unmöglich, solange Sie es nicht für unmöglich halten. Der Schlüssel liegt darin, sich bewusst zu werden, was man sagt.

Anmerkung des Autors

Vor ein paar Monaten wurde ich gebeten, auf einer Klangheilungs-Konferenz in San Francisco einen Vortrag zu halten. Jonathan Goldman, ein guter Freund von mir, sollte auch dort sprechen. Während des Mittagessens erklärte ich ihm die Details des Moses-Codes und fragte ihn, ob er von bestimmten Klängen oder Frequenzen wisse, die mit dem heiligen Namen Gottes, wie er Moses übermittelt wurde, zusammenhingen. Er meinte, er werde das gerne mal überprüfen und mir dann seine Ergebnisse mitteilen. Im Folgenden lesen Sie, was Jonathan entdeckte, als er mit Stimmgabeln experimentierte, die auf den Namen Gottes abgestimmt waren. Sein Bericht wird Sie sicher genauso faszinieren wie mich.

Ich glaube, Jonathans Ergebnisse weisen darauf hin, dass das Geheimnis dieses Namens viel umfassender ist, als wir bislang erkennen können. Die Tatsache, dass der heilige Name Gottes in diesen Frequenzen zu finden ist, beweist, dass wir wirklich in einem multidimensionalen Universum leben und dass die Wirklichkeit Gottes alle Ebenen dieses Universums durchdringt.

Die Frequenzen des
Ich bin das Ich bin

von Jonathan Goldman

Unsere alten Mystiker und die modernen Quantenphysiker sind sich einig: Alles ist Klang. Von den Elektronen, die sich um den Atomkern drehen, bis zu Planeten ferner Galaxien, die um ihre Sonnen kreisen: Alles befindet sich in Schwingung. Das trifft auf den Stuhl zu, auf dem Sie sitzen, und auf die Seiten des Buches, das Sie lesen; auch unsere Körper sind komplexe Kompositionen der Schwingung.

Wenn Sie sich die Grundlagen der verschiedenen religiösen Überzeugungen auf dieser Erde ansehen, werden Sie feststellen, dass die ursprüngliche Schöpfungskraft – welche die Wissenschaftler den Urknall nennen – überall mit Klang zu tun hatte. Im Johannes-Evangelium (1,1) heißt sie »das Wort«. Im Alten Testament (Genesis 1,3) heißt es: »Und Gott sprach: Es werde Licht.« Das Sprechen erzeugte die Energie des Lichts – das Licht folgte also auf den Klang.

Klang bewegt sich in Wellen, die wir auch Frequenzen nennen; wir messen sie in Zyklen bzw. Schwingungen pro Sekunde (wissenschaftlich Hertz genannt). Langsame Klangwellen erzeugen tiefe Klänge, schnelle Klangwellen erzeugen hohe Klänge. Wir sind in der Lage, Klänge zwischen 16 und 20 000 Hertz zu hören. Doch Delfine zum Beispiel können Frequenzen bis zu 180 000 Hertz erzeugen und wahrnehmen – das ist das Zehnfache. Klang umfasst also viel mehr als das, was wir hören.

Die vielen Namen Gottes

Einer meiner Schwerpunkte in der Klangheilung sind die sogenannten heiligen Namen. In verschiedenen Traditionen gibt es unterschiedliche Namen Gottes. Ich habe vor allem mit den heiligen Namen der hinduistischen und tibetischen Tradition gearbeitet, wo es verschiedene Gottheiten mit unterschiedlichen Eigenschaften gibt. Ich habe aber auch die Klänge des heiligen Namens der jüdisch-christlichen Tradition untersucht und dafür sowohl traditionelle biblische Texte als auch neu gefundene urchristliche und kabbalistische Quellen herangezogen.

Eines meiner Projekte zu diesem Thema heißt *Divine Name*, eine CD, die ich zusammen mit meinem Freund Gregg Braden produziert habe. Das Konzept zu dieser CD erschien mir zuerst in einem Traum, den ich vor vielen Jahren hatte. Es war der Klang des Tetragrammatons, des aus vier Konsonanten bestehenden Namens Gottes im Alten Testament – JHWH –, das durch Vokale vervollständigt wird. Als ich das ausprobierte, entstanden die kraftvollsten Töne, die ich je gehört hatte. Sie waren so energiegeladen, dass es zehn Jahre dauerte, bevor Gregg und ich diese Entdeckung der Öffentlichkeit vorstellen mochten.

Gematria

Ich interessiere mich unter anderem auch für die Gematria, ein altes kabbalistisches System, in dem jedem Buchstaben des hebräischen Alphabets bestimmte Zahlenwerte zugeordnet sind. Umgekehrt können den Zahlen auch ganze Wörter und Sätze zugeordnet werden. Die Gematria ist eine Art mystischer Numerologie mit kraftvollen Anwendungen. Es gibt einige Bücher darüber. Bei meiner Arbeit verwende ich besonders *Godwin's Cabalistic Encyclopedia* von David Godwin.

Als ich James bei der Klangheilungs-Konferenz begegnete, fragten wir uns, ob der Name AHYH ASR AHYH, mit dem Gott sich Moses auf dem Berg offenbart hat, wohl auch einen besonderen Zahlenwert habe.

Kaum war ich von der Konferenz wieder zu Hause, schlug ich in meinen kabbalistischen Quellen nach, ob es dort numerische Hinweise zu diesen Namem gäbe. Zu meiner Freude fand ich das bestätigt: AHYH hat den numerischen Wert von 21, ASR von 501 und der ganze Name ergibt den Wert 543 (21+501+21).[9]

Ich arbeite zwar mit Klängen, die natürlich in Zyklen (Zahl der Schwingungen) pro Sekunde gemessen werden können, aber ich habe noch nie eine bestimmte Beziehung zwischen dem numerischen Wert eines Namens und seiner Schwingungsfrequenz gefunden. Ich hatte es versucht, aber ohne Erfolg. In

---

[9] Zahlenwerte der hebräischen Buchstaben: Aleph = 1, He = 5, Jod = 10, He = 5 -> 1+5+10+5=21; Aleph = 1, Schin = 300, Resch = 200 -> 1+300+200=501. (Anm. d. Redakt.)

meinen früheren Untersuchungen habe ich festgestellt, dass die Werte der Gematria und die Werte der Frequenzen einfach unterschiedliche Dinge sind. Doch an jenem Abend, als ich mich mit der Gematria des heiligen Namens beschäftigte, geschah etwas Sonderbares.

Ich lasse mich oft von meiner inneren Führung leiten, und so war es auch in jener Nacht. Ich schaute auf die verschiedenen Zahlen, aber ich wusste, ich suchte nicht nur nach einer einfachen Zahl wie 543, sondern ich suchte nach zwei Zahlen, die nahe genug beieinanderliegen, dass sie zur gleichen Oktave gehören.

Oktaven

Eine Oktave ist ein musikalischer Ausdruck für einen Ton, der entweder oberhalb einer bestimmten Frequenz doppelt so viele Schwingungen pro Sekunde aufweist wie der Ausgangston, oder der unterhalb davon halb so viele Schwingungen hat. Angenommen, wir haben eine Frequenz von 100 Hertz, dann ist die Oktave nach oben 200 Hertz. Um die Oktave darüber zu finden, verdoppelt man die Zahl einfach und kommt so zu 400 Hertz. Wenn man dagegen die Oktave unterhalb von 400 Hertz finden will, halbiert man die Zahl und landet bei 200 Hertz. Das Konzept der Oktave ist also leicht zu verstehen, es hat jedoch weitreichende Auswirkungen.

Man kann das Gesetz der Oktaven auch mit dem alten hermetischen Prinzip »Wie oben, so unten« verbinden. In der Welt der Klangheilungen werden Frequenzen oft verdoppelt oder halbiert, um zu sehen, womit diese Frequenz sonst noch in Resonanz steht. Man kann zum Beispiel eine Klangfrequenz wie den Ton A (440 Zyklen pro Sekunde) nehmen und ihn 40-mal verdoppeln, dann landet man bei der Farbe Rotorange, was diesem Ton im Bereich der Farben entspricht. Manche glauben, dass sich durch die Oktaven auf diese Art direkte Beziehungen herstellen lassen.

Ich suchte nach zwei Zahlen, genauer gesagt nach zwei Zahlen innerhalb derselben Oktave, weil meine Erfahrungen gezeigt haben, dass zwei gleichzeitig schwingende Frequenzen mehr Kraft haben als eine einzige. Zwei Schwingungen, die innerhalb einer Oktave miteinander auf eine bestimmte Weise in Beziehung stehen, können ein bestimmtes Feld erzeugen. Viele Klangheiler glauben, dass diese Felder besondere Kräfte haben; manche sehen darin sogar interdimensionale Tore, durch die man zwischen den verschiedenen Ebenen der Existenz hin- und herreisen kann.

Ich habe viel Arbeit investiert, um die Kräfte zu studieren, die aus der Beziehung zwischen zwei Tönen entstehen. Meistens tue ich das, indem ich zwei Stimmgabeln nehme, die auf die jeweiligen Töne eingestimmt sind. Ich lasse sie gleichzeitig klingen und spüre, was dabei passiert. Manche dieser Klänge sind sehr ungewöhnlich. Vor vielen Jahren habe ich auf diese Weise verschiedene stark heilend wirkende Klangrelationen entdeckt. Unter anderem war ich der Erste, der auf diesem Planeten die Klangrelation von 8 zu 13 entdeckte und dann Stimmgabeln entwickelte, die diese Klangproportion abbilden. Die Reaktion auf diese Stimmgabeln war überwältigend. Noch heute, über zehn Jahre später, gibt es eine ganze Reihe von »phi«- gestimmten Stimmgabeln auf dem Markt.

Nach meinem Gespräch mit James überlegte ich also, ob ich Stimmgabeln herstellen könnte, die auf Zahlen gemäß der Gematria von » AHYH ASR AHYH – ICH BIN DAS ICH BIN basierten. Den Klang würde ich jedoch erst hören, wenn ich mich für bestimmte Frequenzen entschieden hatte und die Stimmgabeln gemäß meinem Auftrag zurechtgeschnitten waren.

In meinen Forschungsarbeiten über Klänge habe ich mit verschiedensten Zahlenkombinationen experimentiert und dann auf die Töne gelauscht, die sich aus ihren Frequenzen ergaben. Manche dieser Klänge sind kraftvoll und heilend. Wenn zwei Stimmgabeln auf eine bestimmte Art zusammenklingen, kann das wunderschön klingen. Häufig klingt es jedoch auch schauerlich, wie Kreide, die über eine Tafel quietscht, und schlimmer. Die Wirkung kann auch alles andere als heilend sein, doch das weiß man erst, wenn man den Klang gehört hat.

Bevor die Stimmgabeln hergestellt werden konnten, musste ich also die Frequenzen festlegen. Und weil die Stimmgabeln in derselben Oktave liegen sollten, probierte ich mathematisch aus, wie ich die beiden Zahlenwerte in den gleichen Bereich kriegen könnte. Ich spürte, dass die 501, der numerische Wert von ASR, eine exzellente Frequenz für eine der Stimmgabeln wäre. Also arbeitete ich nun mit der 21, dem numerischen Wert des heiligen Namens AHYH.

Ich verdoppelte die Zahl: 21 – 42 – 84 – 168 – 336 – 672. Als ich bei 672 ankam, sagte mir meine Intuition, dass sie von Bedeutung sei. Ich schlug die Zahlen nacheinander in meiner kabbalistischen Enzyklopädie nach – und tatsächlich! 168 war der numerische Wert des Wortes »schützen«. Und mein Staunen nahm kein Ende, als ich sah, dass 672 der Zahlenwert eines anderen Gottesnamens war: JHWH ELOHIM. Die Zahl wurde auch übersetzt mit »Erleuchtung erfahren«. Ich bekam eine Gänsehaut – ich wusste, ich hatte etwas Bedeutendes gefunden!

Ich ließ Stimmgabeln für die Frequenzen von 168 Hertz, 336 Hertz und 672 Hertz herstellen, die den Klang von AHYH repräsentieren würden, und Stimmgabeln von 501 Hertz und den niedrigeren Oktaven dazu, also 250,5 Hertz und 125,25 Hertz.

Nun musste ich eine Weile warten, bis die Stimmgabeln fertig waren. Ich weiß selbst nie, wie sie klingen werden, wenn ich sie in Auftrag gegeben habe. Die meisten meiner Experimente führen zu erfreulichen Ergebnissen, aber es kann auch passieren, dass es schrecklich klingt.

Insofern war ich sehr aufgeregt, als die »ICH BIN DAS ICH BIN«-Stimmgabeln ankamen. Ich schlug sie leicht aneinander und lauschte ihrem kraftvollen und gleichzeitig sanften Klang. Es war herrlich! Während ich lauschte, erhielt ich das intuitive Wissen, dass die Töne ein Feld göttlicher Energie erzeugten. Ich nenne es das »ICH BIN DAS ICH BIN«-Feld. In allen Oktaven entstanden ruhige, heilige Klänge und erzeugten ein Feld des Lichts und der Liebe. Meine liebsten Frequenzen sind wohl jene mit 501 Hertz und 672 Hertz. Doch auf der Aufnahme, die ich mit all diesen verschiedenen Oktaven machte, besaßen sämtliche Klänge eine synergetische, außerordentliche Wirkung.

Für alle, die ein gewisses musikalisches Verständnis haben: Die Frequenzen des »ICH BIN DAS ICH BIN«-Feldes entsprechen fast dem Intervall einer Quarte. Der erste Ton liegt zwischen B und C und der zweite Ton zwischen E und F. Mit der Quarte haben sich schon viele Klangheiler befasst. Manche meinen, sie gleiche das Nervensystem aus, stärke die Aura und erweitere das Bewusstsein. Bei den gregorianischen Gesängen spielt dieses Intervall eine besondere Rolle. Die Wahrscheinlichkeit, dass diese beiden durch Gematria und Oktaven erzeugten Zahlen so eine harmonische Klangbeziehung manifestieren, ist wahrscheinlich astronomisch gering, genauso wie der mathematische Zusammenhang der Zahlen von AHYH und JHWH ELOHIM.

In diesem frühen Stadium meiner Forschungen kann ich nur spekulieren, dass diese Stimmgabeln ein Feld erzeugen, das höchst positiv und wohltuend ist. Die ersten Rückmeldungen von Menschen, die mit diesen Klängen gearbeitet haben, weisen darauf hin, dass sie erstaunlich heilsam wirken und heilige Resonanzen erzeugen.

Die »ICH BIN DAS ICH BIN«-Stimmgabeln rufen eine aufregende Klangerfahrung hervor. Wir befinden uns mit ihnen erst auf den allerersten Entwicklungsstufen, doch die Ergebnisse sind vielversprechend, vor allem zusammen mit den Atemübungen, die James im Rahmen des Moses-Codes entwickelt hat. Ich bin äußerst dankbar, Teil dieser neuen Klang-Entdeckung zu sein.

Jonathan Goldman ist eine internationale Autorität im Bereich der Klangheilung und ein Pionier der Harmonien. Er hat verschiedene Bücher verfasst, darunter *Heilende Klänge; 7 Geheimnisse der Klangheilung* und – zusammen mit seiner Frau Andi Goldman – *Tantra des Klanges,* dessen Originalausgabe im Jahr 2006 den Visionary Award für das beste Buch über alternatives Heilen gewann. Er leitet die Sound Healers Association und ist Präsident von Spirit Music, Inc. in Boulder, Colorado. Jonathan hat verschiedene preisgekrönte Aufnahmen produziert, darunter *Divine Name* (mit Gregg Braden); *Reiki Chants; Ultimate Om; The Lost Chord* sowie *Chakra Chants,* das den Visionary Award für die beste CD für Heilung und Meditation gewann. Darüber hinaus ist er Dozent an der International Society for Music and Medicine.

Mehr Informationen über Jonathan und seine Arbeit finden Sie unter **www.healingsounds.com** oder **www.soundhealersassociation.org**. Dort können Sie auch die Stimmgabeln bestellen.

Über den Autor

James F. Twyman hat bereits etliche Bücher verfasst, die zu Bestsellern wurden, darunter *Boten des Lichts* und *Abgesandte der Liebe.* Er ist international als Friedens-Troubadour bekannt und versammelt für seine Aktionen Millionen von Menschen im gemeinsamen Gebet, um Krisengebiete in aller Welt positiv zu beeinflussen. Er wurde für Friedenskonzerte in den Irak, nach Nordirland, Südafrika, Bosnien, Kroatien und Serbien eingeladen, häufig genau zu dem Zeitpunkt, da die größten Konflikte herrschten. Er hat auch schon vor der UN und im Pentagon gesungen. James ist Produzent und Koautor des Films *Indigo* sowie Regisseur des Films *The Indigo Revolution* und der Dokumentation *The Moses Code.*

Weitere Informationen über den Moses-Code sowie Internetkurse, Workshops und Telekonferenzen finden Sie unter **www.themosescode.com** oder **www.jamestwyman.com**

James Twyman
CD Der Moses-Code
Musik-CD, 78 min
€ 19,50,
ISBN 978-3-86728-076-1

Die bezaubernden Melodien und die gefühlvolle
Stimme von James Twyman laden dich ein, dich auf
den Wunder wirkenden Gottesnamen einzustimmen,
der Moses am brennenden Dornbusch offenbart
wurde: »ICH BIN DAS ICH BIN ...« Dabei
entstehen innere Freiräume, in denen du zu dir selbst
und in deine Mitte findest.
Erstmalig werden hier auch zwei Meditationen
mit den machtvollen Klängen und Frequenzen
veröffentlicht, die der Klangheiler Jonathan Goldman
gemäß der alten kabbalistischen Numerologie für den
Namen Gottes entdeckte.

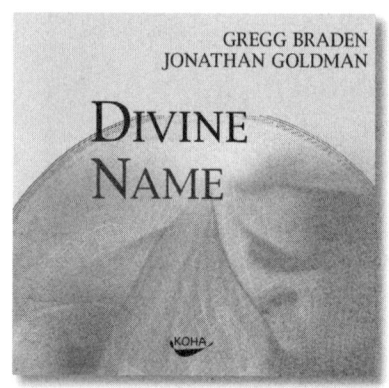

Gregg Braden / Jonathan Goldman
Divine Name
Musik-CD, 60 min
€ 19,50
ISBN 978-3-86728-035-8

Auf dieser CD hat Gregg Braden zusammen mit
Jonathan Goldman den heiligen Namen Gottes in
Musik umgesetzt. Jonathan Goldman ist weltweit
für seine Klangheilungen bekannt, seine CDs haben
einen Grammy gewonnen.
Wunderbare Musik zum Meditieren und Entspannen.